cuisiner **les légumes** pas à pas

cuisiner
les légumes
pas à pas

Molly Brown
Photographies de Deirdre Rooney

Marabout

80 recettes
en **3** étapes pas à pas

Les ateliers Marabout

sommaire

Légumes du marché

bok choy

romaine

roquette

épinards

navets

rutabaga

fenouil

endives

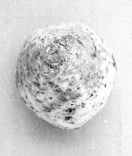

céleri-rave

brocoli

chou vert

radis

artichaut

topinambours

betteraves rouges

betteraves jaunes

pousses de navet

pâtissons

courgettes vertes et jaunes

mini aubergines

butternut

potimarron

olivettes

tomates cerises

patate douce

Maris Piper

rattes

Charlotte

champignons shiitake

champignons portobello

pleurotes

champignons sauvages

Cuire à l'eau bouillante

PRÉPARATION 5 MIN

TRÈS FACILE

CUISSON 20 MIN

Matériel
casserole
couteau bien affûté

Chez le primeur
650 g de pommes de terre
ou d'autres légumes de même
calibre ou taillés en morceaux
réguliers

Chez l'épicier
25 g de beurre
sel et poivre

① préparer

Choisissez des légumes
de même calibre pour qu'ils
cuisent uniformément.

② faire bouillir

Faites bouillir à couvert ou
non. Vérifiez la cuisson avec
un couteau bien affûté : si la
lame s'enfonce sans résistance
jusqu'au cœur des pommes
de terre, c'est qu'elles sont
cuites. (Si vous faites cuire des
haricots verts ou du brocoli,
passez-les immédiatement
sous l'eau froide après les avoir
égouttés pour fixer leur couleur).
Servez aussitôt ou réchauffez
vos légumes en les mettant dans
une passoire et en les arrosant
avec de l'eau bouillante.

③ sécher

Si vous faites cuire des pommes
de terre pour préparer une
purée, retirez la peau après
égouttage et remettez-les dans
la cocotte. Posez un torchon
propre sur les pommes de
terre, à l'intérieur de la cocotte,
fermez avec un couvercle et
faites chauffer 4 minutes à feu
doux. Si les pommes de terre
sont servies entières, tournez-
les dans le beurre, salez,
poivrez et servez.

Cuire à la vapeur

Chez le primeur
300 g de jeunes poireaux parés et nettoyés ou d'autres légumes de même calibre ou taillés en morceaux réguliers

Chez l'épicier
25 g de beurre fondu
sel et poivre

Matériel
cocotte et panier vapeur ou cuit-vapeur
couteau bien affûté

1 cuire

Assurez-vous que les légumes que vous allez cuire ont le même calibre, sans quoi ils ne seront pas tous prêts en même temps. Posez le panier vapeur sur une cocotte d'eau bouillante, disposez-y les légumes et couvrez. Le panier doit être bien fermé et parfaitement adapté au récipient sur lequel il est posé pour que la vapeur ne s'échappe pas par les côtés.

2 percer

Vérifiez la cuisson avec un petit couteau bien affûté : si la lame s'enfonce sans résistance jusqu'au cœur des légumes, c'est qu'ils sont cuits.

3 sécher

Quand les légumes sont cuits, sortez-les du panier et déposez-les quelques instants sur un torchon propre qui absorbera les gouttelettes d'eau qui les recouvrent. Cette étape est particulièrement importante si les légumes que vous avez cuits sont servis avec une vinaigrette : sans ce séchage, l'eau se mélangerait à la vinaigrette qui deviendrait aqueuse. Tournez les légumes dans le beurre et assaisonnez-les avant de servir.

9

FACILE

PRÉPARATION 5 MIN
· CUISSON 15 MIN ·

Griller

Chez le primeur
3 aubergines ou d'autres
légumes moelleux comme
des poivrons ou des courgettes

Chez l'épicier
4 c. à s. d'huile d'olive
sel et poivre

Matériel
couteau bien affûté
pinceau de cuisine
poêle-gril
pinces

① trancher

Taillez les légumes de votre
choix en tranches de 5 à
7,5 mm d'épaisseur. Tous les
légumes ne sont pas adaptés
à cette technique. Seuls ceux
qui deviennent fondants en
un temps de cuisson court
peuvent être grillés ainsi. La
carotte, le panais et le fenouil,
par exemple, ne conviennent
pas du tout, à moins d'être
précuits, dans l'eau bouillante.

② badigeonner

Badigeonnez les tranches de
légumes d'huile d'olive. Faites
chauffer la poêle, sans matière
grasse (on huile les légumes,
pas la poêle). La poêle-gril doit
être très chaude.

③ griller

Faites cuire les légumes
en plusieurs fois. Déposez
plusieurs tranches dans la
poêle. Laissez dorer d'un côté,
puis tournez les tranches pour
qu'elles se colorent de l'autre
côté. Baissez le feu et laissez
cuire jusqu'à ce que les
légumes soient fondants et
bien grillés. Salez et poivrez.

TRÈS
FACILE

PRÉPARATION 5 MIN
CUISSON 35-40 MIN

Matériel
plat à rôtir

Rôtir

Chez le primeur
12 tomates allongées
ou d'autres légumes
méditerranéens comme
des poivrons, des aubergines
ou des courgettes, ou encore,
des tubercules ou du potiron
(avec un temps de cuisson
plus long)

Chez l'épicier
sel et poivre
3 c. à s. d'huile d'olive
2 c. à s. de vinaigre balsamique

(1) disposer

Coupez les tomates ou
les légumes de votre choix
en morceaux réguliers pour
que la cuisson soit uniforme.
Disposez les légumes dans
un plat à rôtir, en une seule
couche. Veillez à ce que les
légumes ne se chevauchent
pas afin qu'ils rôtissent
et dorent uniformément.

(2) arroser

Salez, poivrez et arrosez d'huile
d'olive. Ajoutez les parfums
de votre choix, notamment
du vinaigre balsamique, des
épices ou des fines herbes.

(3) rôtir

Préchauffez le four à 180 °C
(th. 6). Faites rôtir les légumes
en les remuant de temps
en temps pendant la cuisson
de manière à ce qu'ils cuisent
et se colorent uniformément.
N'ajoutez de l'ail pilé ou émincé
(contrairement aux gousses
entières) que 10 minutes avant
la fin de la cuisson pour qu'il ne
brûle pas.

11

FACILE

PRÉPARATION 5 MIN · CUISSON 30 MIN ·

Matériel
cocotte

Braiser

Chez le primeur
4 poivrons ou d'autres légumes
   de même calibre ou taillés
   en morceaux réguliers.
   Les légumes moins moelleux
   doivent cuire plus longtemps

Chez l'épicier
2 c. à s. d'huile d'olive ou
   de beurre
sel et poivre
1 ½ c. à s. d'eau ou de bouillon

① remuer

Taillez les poivrons (ou les
légumes de votre choix)
en morceaux réguliers. Faites
chauffer l'huile (ou le beurre)
dans une cocotte, à feu doux.
Mettez les légumes dans
la cocotte et remuez pour
bien les enrober de matière
grasse chaude.

② verser

Salez et poivrez. Le sel aide
les légumes à libérer de l'eau,
créant une humidité favorable
au processus de braisage.
Versez un peu d'eau ou
de bouillon dans la cocotte.

③ cuire

Couvrez et faites cuire à
feu doux jusqu'à ce que les
légumes soient fondants.
L'important est de veiller à
ce qu'il y ait toujours un peu
de liquide dans la cocotte,
et de cuire à couvert. Vérifiez
régulièrement que les légumes
sont toujours humides
et baignent dans un peu
de liquide, sans quoi ils
brûleraient et colleraient
au fond du récipient.

12

TRÈS FACILE

PRÉPARATION 5 MIN
CUISSON 5 MIN

Matériel
couteau bien affûté
wok
cuillère en bois

Sauter au wok

Chez le primeur
½ chou vert ou d'autres légumes qui peuvent être consommés croquants comme des carottes ou des haricots verts

Chez l'épicier
1 ½ c. à s. d'huile d'arachide
2 c. à s. de sauce soja (facultatif)
poivre

① préparer

Taillez le chou (ou les légumes de votre choix) en morceaux. Si vous préparez un mélange de légumes, réfléchissez à l'ordre dans lequel vous allez les cuire. Commencez par mettre dans le wok les légumes les plus longs à cuire et ajoutez les autres progressivement. Cette technique de cuisson ne convient pas pour des légumes qui doivent être consommés moelleux comme des pommes de terre.

② remuer

Faites chauffer le wok. Quand il est bien chaud, versez une petite quantité d'huile (ce procédé de cuisson ne nécessite pas une grande quantité de matière grasse). Remuez les ingrédients pendant qu'ils cuisent.

③ pour finir

Ajoutez la sauce soja (facultatif) quand les légumes sont presque prêts. La chaleur du récipient entraînera une évaporation rapide de la sauce qui aura juste le temps d'enrober les ingrédients. Vous pouvez remplacer la sauce soja par du vin de riz, de la sauce Hoisin ou toute autre sauce asiatique de votre choix. Poivrez et servez sans attendre pour éviter que les légumes ramollissent.

13

salades

Salade niçoise

PRÉPARATION 10 MIN
TRÈS FACILE
· CUISSON 15 MIN ·

Matériel
cocotte
passoire
grand saladier
   peu profond
   ou 4 assiettes

Chez le primeur
200 g de petites pommes
   de terre nouvelles
200 g de haricots verts
125 g de mesclun
150 g de tomates cerises
   coupées en deux

Chez l'épicier
2 boîtes de 120 g de thon
   à l'huile d'olive, de qualité
4 gros œufs
12 filets d'anchois à l'huile
   d'olive, égouttés et coupés
   en deux dans la longueur
25 g d'olives noires de Nice

Sauce
¾ c. à s. de vinaigre de vin
   blanc
½ c. à c. de moutarde
   de Dijon
sel et poivre
1 pincée de sucre en poudre
3 c. à s. d'huile d'olive vierge
   extra

1 préparer

Faites cuire les pommes de terre dans de l'eau bouillante salée jusqu'à ce qu'elles soient fondantes. Égouttez et laissez refroidir. Coupez les plus grosses en deux. Parez les haricots verts et faites-les cuire *al dente* dans de l'eau salée. Égouttez-les et rincez-les sous l'eau froide pour fixer leur couleur. Ouvrez les boîtes de thon et faites couler l'huile.

2 écaler

Faites bouillir les œufs pendant 9 minutes. Égouttez et rincez sous le jet d'eau froide. Laissez refroidir. Écalez et coupez les œufs en deux. Mettez le vinaigre, la moutarde, le sel et le poivre, ainsi que le sucre dans un bol. Fouettez tout en versant l'huile en filet.

3 dresser

Disposez les éléments de la salade en couches (si vous la remuez, les éléments les plus lourds tomberont au fond du saladier) : commencez par faire un lit de mesclun dans un grand saladier peu profond ou sur 4 assiettes. Ajoutez les pommes de terre, les haricots verts et les tomates cerises. Arrosez avec la sauce. Finissez avec les œufs, le thon, les anchois et les olives. Arrosez avec le reste de sauce et servez aussitôt.

TRÈS
FACILE

PRÉPARATION 5 MIN

CUISSON 5 MIN

Salade au canard fumé, aux figues et aux noisettes

Matériel
fouet
petit bol
poêle-gril ou poêle à frire

Chez le boucher
250 g de magret de canard fumé, coupé en tranches

Chez le primeur
8 figues coupées en deux
175 g de mâche

Chez l'épicier
4 c. à s. de miel liquide
75 g de noisettes coupées en deux
2 c. à s. de vinaigre balsamique
2 c. à s. d'huile d'olive
sel et poivre

Sauce
¾ c. à s. de vinaigre de vin blanc
1 pointe de moutarde de Dijon
sel et poivre
3 c. à s. d'huile de noisette
2 c. à s. d'huile d'olive légère
½ c. à c. de sucre en poudre

① fouetter

Préparez la sauce en fouettant ensemble tous les ingrédients. Faites griller les noisettes à sec, dans une poêle à frire, à feu moyen, jusqu'à ce qu'elles soient dorées. Les noisettes grillent rapidement : surveillez la cuisson pour qu'elles ne brûlent pas.

② griller

Mettez les figues dans un petit bol avec le vinaigre balsamique, le miel, l'huile d'olive, un peu de sel et de poivre. Faites chauffer une petite poêle-gril ou une poêle à frire et déposez-y les figues. Faites-les cuire rapidement des deux côtés, jusqu'à ce qu'elles soient légèrement ramollies et grillées.

③ dresser

Mélangez les feuilles de salade, les noisettes et presque toute la sauce. Répartissez ce mélange sur 4 assiettes. Disposez les figues et les tranches de canard sur la salade. Arrosez avec le reste de sauce et servez.

TRÈS
FACILE

Salade d'endives à la poire, à la mâche et au roquefort

Matériel
fourchette
poêle à frire

Chez le primeur
3 endives
2 grosses poires mûres à point
le jus d'1 citron jaune
30 g de mâche

Chez l'épicier
75 g de cerneaux de noix
125 g de roquefort morcelé

Sauce
½ c. à s. de vinaigre de vin
  blanc
1 pointe de moutarde de Dijon
sel et poivre
2 c. à s. d'huile de noix
2 c. à s. d'huile d'olive légère
½ c. à c. de sucre en poudre

① parer

Détachez les feuilles d'endives en supprimant la base dure. Préparez la sauce en fouettant ensemble tous les ingrédients à l'aide d'une fourchette.

② trancher

Coupez les poires en deux et retirez le trognon. Faites des tranches d'environ 8 mm d'épaisseur. Recueillez le jus du citron dans un bol. Tournez aussitôt les tranches de poires dans le jus de citron pour éviter qu'elles s'oxydent.

③ griller

Faites griller les cerneaux de noix à sec, dans une poêle à frire, jusqu'à ce qu'ils soient dorés. Les noix grillent rapidement : surveillez la cuisson pour qu'elles ne brûlent pas. Mélangez délicatement les endives avec la mâche, les tranches de poires, les noix, le roquefort et la sauce. Servez aussitôt.

TRÈS
FACILE

Salade de grenade à l'oignon rouge et au persil, sauce tahini

Matériel
cuillère en bois
bol
fouet

Chez le primeur
1 grenade
50 g de persil plat
1 petit oignon rouge pelé
1 c. à s. de jus de citron

Chez l'épicier
2 c. à s. d'huile d'olive

Sauce
50 ml de tahini (pâte
   de sésame)
75 ml de yaourt nature
   (du yaourt classique, pas
   du yaourt onctueux comme
   le yaourt grec)
1 gousse d'ail pilée
2 c. à s. d'huile d'olive

① préparer

Coupez la grenade en deux. Pour détacher les grains, tournez chaque moitié face coupée vers le bas et tapez énergiquement sur la peau avec une cuillère en bois : les grains se détacheront tout seuls.

② détacher

Détachez les feuilles de persil des tiges. Coupez l'oignon en deux puis en tranches très fines. Mélangez les graines de grenade, le persil et l'oignon avec le jus de citron et l'huile d'olive.

③ fouetter

Préparez la sauce en fouettant ensemble tous les ingrédients. Ajoutez un peu d'eau pour obtenir une sauce onctueuse, plus fluide que le tahini. Servez la sauce à part ou versez-la sur la salade.

23

FACILE

PRÉPARATION 5 MIN

CUISSON 10 MIN

Frisée au lard et à l'avocat, œuf mollet

Matériel
fouet
poêle à frire
casserole

Chez le boucher
12 tranches fines de poitrine
   de porc ou de pancetta

Chez le primeur
1 petite salade frisée
2 avocats
le jus d'½ citron

Chez l'épicier
½ c. à s. d'huile d'olive
4 gros œufs

Sauce
¾ c. à s. de vinaigre de vin
   blanc
½ c. à c. de moutarde
   de Dijon
sel et poivre
4 c. à s. d'huile d'olive vierge
   extra + 1 filet pour arroser
1 pincée de sucre en poudre

① préparer

Prélevez les plus jolies feuilles de frisée : laissez de côté les feuilles vertes externes moins tendres que les petites feuilles vert pâle du centre. Préparez la sauce : mélangez le vinaigre, la moutarde, le sel et le poivre dans un bol. Avec un fouet, incorporez l'huile d'olive et le sucre. Coupez les avocats en deux et retirez le noyau. Coupez-les en tranches et retirez délicatement la peau. Arrosez les tranches avec un peu de jus de citron pour éviter qu'elles s'oxydent. Poivrez légèrement.

② frire

Faites chauffer l'huile dans une poêle à frire. Faites-y dorer les tranches de poitrine, des deux côtés. Posez les tranches grillées sur du papier absorbant.

③ bouillir

Faites bouillir les œufs pendant 6 minutes et laissez-les refroidir légèrement (vous pouvez les plonger dans l'eau froide jusqu'au moment de les écaler, mais ne les laissez pas refroidir complètement). Mélangez ensemble la frisée, les tranches d'avocats et la sauce. Posez la poitrine grillée au-dessus. Écalez rapidement les œufs et posez-en un dans chaque assiette. Coupez les œufs en deux de manière à ce que le jaune s'écoule légèrement. Arrosez avec un filet d'huile d'olive et servez aussitôt.

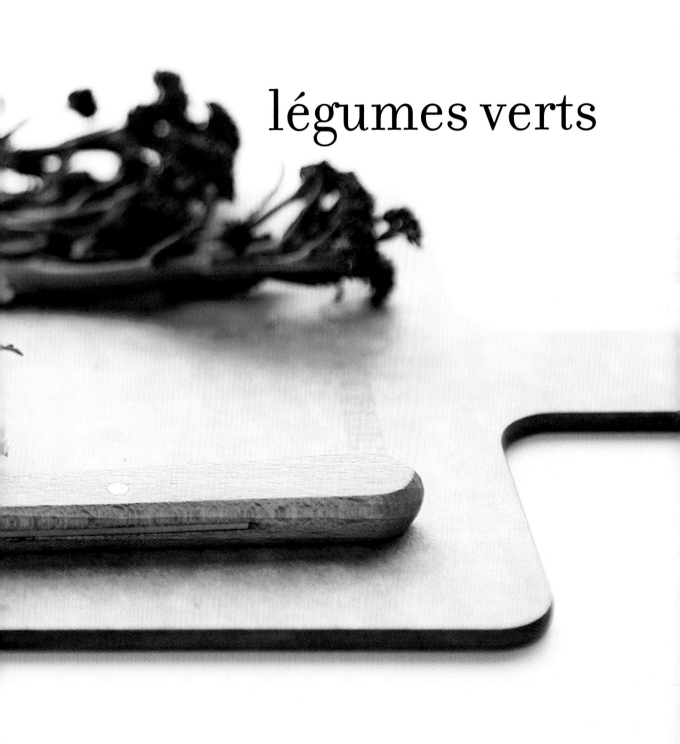

légumes verts

Sabzi khordan perse

PRÉPARATION 5 MIN

TRÈS FACILE

Matériel
couteau bien affûté
planche à découper
saladier

Chez le primeur
1 gros bouquet de radis frais
   (environ 500 g), feuilles
   intactes
petits bouquets de menthe,
   basilic, estragon et persil plat
   (environ 30 g par bouquet)
1 petit bouquet d'oignons
   de printemps, parés
1 oignon rouge
le jus d'½ citron

Chez l'épicier
300 g de feta
3 c. à s. d'huile d'olive vierge
   extra

Pour accompagner
pain sans levain ou, si vous
   n'en trouvez pas, de la
   ciabatta ou de la focaccia

① préparer

Supprimez les feuilles des radis si elles ne sont pas d'une grande fraîcheur (si elles sont bien fraîches, vous pouvez les ajouter à la salade). Coupez les radis en tranches très fines. Détachez les feuilles de menthe, de basilic et d'estragon de leurs tiges. Supprimez les tiges de persil les plus grosses mais gardez les plus fines.

② émincer

Émincez les oignons de printemps. Pelez et coupez l'oignon rouge en deux, puis taillez-le en tranches fines.

③ morceler

Morcelez la feta puis mélangez-la aux radis, aux fines herbes et aux oignons. Arrosez avec le jus de citron et l'huile d'olive. Proposez du pain sans levain en accompagnement.

PRÉPARATION 10 MIN
DIFFICILE
CUISSON 1 H.

Tourte aux épinards et aux poireaux

Matériel
sauteuse et cocotte
presse-purée
moule à bord amovible
de 20 cm
pinceau à pâtisserie

Chez le primeur
500 g de poireaux parés, lavés
et émincés
2 gousses d'ail pelées
et hachées finement
500 g d'épinards lavés
et parés (supprimez les tiges
coriaces)
1 c. à s. d'aneth ciselé
ou de feuilles de menthe

Chez l'épicier
75 g de beurre
sel et poivre
50 g de parmesan fraîchement
râpé
250 g de ricotta égouttée
2 gros œufs
150 g de feta morcelée
175 g de pâte filo

Pour accompagner
salade de roquette

30

1 cuire

Faites chauffer la moitié du beurre dans une sauteuse. Ajoutez les poireaux, l'ail, du sel et du poivre, et 3 cuillerées à soupe d'eau. Couvrez et faites suer les poireaux à feu doux, jusqu'à ce qu'ils soient fondants (comptez environ 15 minutes). Retirez le couvercle et augmentez le feu de manière à faire évaporer l'excédent d'eau.

2 mélanger

Mettez les épinards dans une grande cocotte avec 3 cuillerées à soupe d'eau. Couvrez et faites chauffer 5 minutes à feu doux. Laissez refroidir puis pressez les épinards pour en extraire l'eau. Hachez. Ajoutez les épinards et la moitié du parmesan aux poireaux. Dans un bol, écrasez ensemble le reste de parmesan, la ricotta, les œufs, la feta et l'aneth. Assaisonnez.

3 garnir

Préchauffez le four à 200 °C (th. 6). Faites fondre le reste de beurre. Badigeonnez de beurre fondu un moule à bord amovible de 20 cm. Posez des feuilles de pâte filo sur le fond et les bords du moule, en les badigeonnant de beurre au fur et à mesure. Pendant que vous réalisez cette opération, protégez la pâte filo sous un torchon pour éviter qu'elle devienne cassante. Versez les légumes dans le moule, puis ajoutez la préparation au fromage. Repliez les feuilles de pâte sur la préparation, en les badigeonnant toujours de beurre fondu aux endroits où elles se chevauchent. Badigeonnez la surface de la tourte avec du beurre fondu.
Faites cuire 40 minutes au four. Laissez reposer 10 minutes avant de démouler. Glissez la tourte sur un plat de service bien chaud et servez.

TRÈS FACILE

PRÉPARATION 5 MIN

CUISSON 10 MIN

Petits pois aux échalotes et laitue

Chez le primeur
250 g de petites échalotes
  ou de très petits oignons
450 g de petits pois frais
  (poids écossés) ou surgelés
1 petite laitue sucrine
1 trait de jus de citron

Chez l'épicier
15 g de beurre doux
sel et poivre

Matériel
casserole
cocotte
saladier peu profond

① peler

Pelez les échalotes, mettez-les dans une casserole et recouvrez-les d'eau. Faites chauffer. Quand l'eau bout, réduisez le feu et laissez frémir jusqu'à ce que les échalotes soient juste tendres. Égouttez. Faites fondre le beurre dans une grande cocotte. Faites-y revenir les échalotes jusqu'à ce qu'elles soient très légèrement dorées.

② égoutter

Faites cuire les petits pois dans de l'eau bouillante jusqu'à ce qu'ils soient juste fondants. Cela ne prendra qu'environ 3 minutes s'ils sont surgelés, un peu plus s'ils sont frais. Égouttez les petits pois et ajoutez-les aux échalotes.

③ mélanger

Après avoir supprimé la base de la laitue, taillez les feuilles en lanières. Ajoutez la sucrine aux petits pois et faites cuire jusqu'à ce qu'elle commence à ramollir. Assaisonnez et ajoutez un bon filet de jus de citron. Servez ces petits pois dans un saladier peu profond préalablement chauffé.

TRÈS
FACILE

PRÉPARATION 10 MIN
CUISSON 5 MIN

Salade de fèves et petits pois au lard et à la menthe

Matériel
casserole
grand saladier peu
  profond
petite poêle à frire

Chez le boucher
175 g de lard de poitrine taillé
  en lardons

Chez le primeur
250 g de petits pois frais
  (poids écossés) ou surgelés
250 g de fèves (poids
  écossées)

2 c. à s. de feuilles de menthe
  ciselées

Chez l'épicier
2 c. à s. d'huile d'olive vierge
  extra + 1 filet pour arroser
le jus d'½ citron
sel et poivre

① égoutter

Faites cuire les petits pois et les fèves dans de l'eau bouillante salée jusqu'à ce qu'ils soient fondants. Égouttez et passez sous l'eau froide pour fixer la couleur.

② monder

Retirez la peau fine qui entoure les fèves : c'est une opération un peu laborieuse mais le jeu en vaut la chandelle car la couleur des fèves, sans cette peau, est absolument magnifique. Mettez les petits pois et les fèves dans un grand saladier peu profond, avec l'huile d'olive, le jus de citron, le sel et le poivre.

③ frire

Faites cuire les lardons dans une petite poêle à frire jusqu'à ce qu'ils soient dorés de tous côtés. Ne mettez pas de matière grasse dans la poêle : les lardons cuiront dans le gras qu'ils relâcheront en chauffant. Laissez-les tiédir un instant puis ajoutez-les dans le saladier, avec la menthe. Arrosez le tout avec un filet d'huile d'olive et servez.

Soupe de petits pois à la menthe

TRÈS FACILE

PRÉPARATION 5 MIN · CUISSON 20 MIN ·

Matériel
casserole à fond épais
blender

Chez le primeur
1 pomme de terre (environ 120 g), pelée
900 g de petits pois frais
1 oignon
les feuilles d'environ 10 brins de menthe
jus de citron frais, à volonté

Chez l'épicier
2 c. à s. d'huile d'olive
30 g de beurre
1 l de bouillon de volaille
sel et poivre
1 pincée de sucre en poudre (facultatif)
huile d'olive vierge extra, pour décorer

① couper

Taillez la pomme de terre en dés et hachez grossièrement l'oignon. Faites chauffer l'huile et le beurre dans une casserole à fond épais. Mettez les morceaux de pomme de terre et l'oignon dans la casserole, et remuez pour les enrober de gras. Ajoutez un filet d'eau et couvrez. Faites suer pendant environ 20 minutes, en ajoutant de temps en temps un peu d'eau pour que les légumes ne collent pas au fond du récipient.

② mijoter

Ajoutez les petits pois, le bouillon, la menthe, le sel et le poivre dans la casserole, et portez à ébullition. Réduisez le feu et laissez frémir 3 minutes. Transvasez la soupe dans un récipient froid et laissez refroidir.

③ mixer

Quand la soupe est à température ambiante, réduisez-la en purée dans un blender et ajoutez du jus de citron selon votre goût. Goûtez et rectifiez l'assaisonnement. Ajoutez, si vous le souhaitez, une toute petite pincée de sucre en poudre. Réchauffez la soupe avant de servir et décorez avec un filet d'huile d'olive vierge extra.

Brocoli à la ricotta, au citron et au pecorino

Matériel
cuit-vapeur
éplucheur

Chez le primeur
300 g de brocoli à tiges fines
   ou à jets violets
le zeste d'½ citron finement
   râpé
le jus d'1 citron

Chez l'épicier
175 g de ricotta
50 g de pecorino
   ou de parmesan
6 c. à s. d'huile d'olive vierge
   extra
sel et poivre noir fraîchement
   moulu

① parer

Supprimez la base des tiges de brocoli et faites
cuire à la vapeur jusqu'à ce que les petits bouquets
soient juste tendres (comptez environ 5 minutes
de cuisson).

② morceler

Morcelez délicatement la ricotta. Disposez le brocoli
chaud sur les assiettes puis parsemez de morceaux
de ricotta.

③ parsemer

Parsemez avec le zeste de citron et arrosez de jus
de citron. Finissez avec des copeaux de pecorino,
un filet d'huile d'olive vierge extra, du sel et du poivre.
Servez.

FACILE

PRÉPARATION 5 MIN

CUISSON 15 MIN

Tagliatelles aux asperges et aux petits pois

Matériel
3 casseroles
passoire

Chez le primeur
le jus de 1 ½ citron
le zeste râpé de 4 citrons
300 g de petits pois frais
 (poids écossés) ou surgelés
225 g d'asperges vertes
1 petit bouquet de cerfeuil
 haché grossièrement
 (facultatif)

Chez l'épicier
275 ml de crème fraîche
450 g de tagliatelles
30 g de parmesan fraîchement
 râpé + quelques pincées
 au moment de servir

① réduire

Versez la crème avec le jus de citron et le zeste dans une casserole. Portez à ébullition. Laissez réduire d'un tiers, en surveillant la cuisson de près car la sauce réduit rapidement.

② égoutter

Faites cuire les tagliatelles dans une grande quantité d'eau bouillante salée jusqu'à ce qu'elles soient *al dente*. Pendant ce temps, faites cuire les petits pois et les asperges dans deux casseroles d'eau distinctes. Égouttez soigneusement. Attention : ne faites pas cuire les asperges trop longtemps pour qu'elles croquent encore légèrement sous la dent.

③ mélanger

Égouttez les tagliatelles et versez-les dans un plat de service. Réchauffez rapidement la sauce et versez-la sur les pâtes. Ajoutez les petits pois, les asperges et le parmesan, et remuez délicatement. Parsemez de cerfeuil (facultatif) et servez aussitôt, en proposant du parmesan supplémentaire à part.

Poireaux vinaigrette aux œufs, au persil et aux câpres

Matériel
cuit-vapeur
couteau bien affûté
casserole
fouet

Chez le primeur
300 g de jeunes poireaux
1 poignée de persil plat, haché
grossièrement

Chez l'épicier
4 œufs de taille moyenne
2 ½ c. à s. de câpres rincées
poivre

Vinaigrette
¾ c. à s. de vinaigre de vin
blanc
sel et poivre
½ c. à c. de moutarde
de Dijon
6 c. à s. d'huile d'olive vierge
extra + 1 filet pour arroser
¾ c. à c. de sucre en poudre

① cuire

Lavez les poireaux et faites-les cuire à la vapeur jusqu'à ce qu'ils soient tendres. Le temps de cuisson varie en fonction de la grosseur des poireaux, mais il faut compter en moyenne 4 minutes. La lame d'un couteau doit s'enfoncer sans résistance jusqu'au cœur. Si tel n'est pas le cas, c'est que les poireaux ne sont pas assez cuits.

② arroser

Préparez la vinaigrette en fouettant ensemble tous les ingrédients. Dès que les poireaux sont cuits, disposez-les dans un plat de service et arrosez-les aussitôt avec la vinaigrette.

③ plonger

Juste avant de servir, faites bouillir les œufs pendant 6 minutes puis plongez-les dans l'eau froide. Répartissez les poireaux sur 4 assiettes. Écalez rapidement et soigneusement les œufs puis morcelez-les grossièrement. Répartissez les œufs sur les poireaux. Poursuivez avec les câpres, le persil et du poivre noir fraîchement moulu. Arrosez avec un filet d'huile d'olive vierge extra et servez aussitôt.

PRÉPARATION 15 MIN

FACILE

Salade de fenouil, radis et pomelos, aux pistaches et à la menthe

Matériel
couteau pointu bien
    affûté
mandoline
grand saladier peu
    profond

Chez le primeur
2 pomelos roses
150 g de radis
2 bulbes de fenouil
le jus d'1 petit citron
les feuilles d'environ 10 longs
    brins de menthe, froissées

Chez l'épicier
25 g de pistaches hachées
4 c. à s. d'huile d'olive
    vierge extra
sel et poivre

① peler

Coupez une fine tranche d'écorce à la base et au sommet des pomelos pour qu'ils ne roulent pas. Avec un couteau très affûté, pelez les pomelos à vif en enlevant de larges bandes d'écorce depuis le sommet des fruits jusqu'en bas. Prélevez ensuite les segments de pulpe en faisant glisser la lame du couteau entre la chair et les fines membranes de peau.

② trancher

Supprimez les feuilles de radis, sauf si elles sont vraiment très fraîches, auquel cas vous pouvez les ajouter à la salade. Lavez très soigneusement les radis puis, avec un couteau ou une mandoline, taillez-les en tranches très fines.

③ émincer

Supprimez les fanes des fenouils (gardez-en juste quelques-unes pour ajouter à la salade) et coupez les bulbes en quatre. Supprimez les parties externes les plus coriaces et enlevez une mince tranche à la base. À nouveau, avec un couteau ou une mandoline, taillez les fenouils en tranches très minces. Dès que vous avez fini de trancher un quartier, tournez les tranches dans du jus de citron pour qu'elles ne s'oxydent pas.
Disposez les quartiers de pomelos dans un grand saladier peu profond, avec les radis, le fenouil, la menthe et les pistaches. Ajoutez l'huile d'olive vierge extra, du sel et du poivre. Remuez et servez.

PRÉPARATION 10 MIN

TRÈS FACILE

CUISSON 5 MIN

Haricots verts, avocats, mangue et poulet au gingembre

Matériel
couteau bien affûté
casserole

Chez le boucher
300 g de blanc de poulet fumé

Chez le primeur
1 grosse mangue mûre à point
le jus d'1 citron vert
150 g de haricots verts
  éboutés
2 avocats
50 g de mâche

Sauce
le jus d'½ citron vert
1 c. à s. de sirop
  de gingembre
1 ½ c. à s. de vinaigre de riz
4 c. à s. d'huile d'arachide
1 piment rouge coupé en
  deux, épépiné et haché
  très finement

1 dé de 1,5 cm de gingembre
  frais, pelé et râpé
sel et poivre

① trancher

Pelez la mangue et, avec un couteau vraiment bien affûté, tranchez la chair de part et d'autre du noyau. Taillez ensuite les deux « joues » de chair en tranches bien nettes. Il restera de la chair accrochée au noyau, mais comme les tranches doivent être impeccables pour cette recette, il vaut mieux utiliser cette pulpe pour une autre recette. Arrosez les tranches de mangue de jus de citron.

② émincer

Coupez le blanc de poulet fumé en tranches nettes, avec un couteau bien affûté. Faites cuire les haricots dans de l'eau bouillante salée jusqu'à ce qu'ils soient *al dente*. Égouttez et passez sous l'eau froide. Préparez la sauce en fouettant ensemble tous les ingrédients. Goûtez et assaisonnez.

③ couper

Coupez les avocats en deux et retirez le noyau. Coupez chaque moitié en tranches et retirez la peau. Mélangez la mâche et les haricots avec la moitié de la sauce. Posez les tranches de poulet, de mangue et d'avocat sur la salade, et arrosez avec le reste de sauce. Servez aussitôt.

PRÉPARATION 5 MIN

TRÈS FACILE

CUISSON 5 MIN

Bok choy sauté au piment, au gingembre et à l'ail

Chez le primeur
300 g de bok choy
1,5 cm de gingembre frais
3 gousses d'ail
2 piments rouges

Chez l'épicier
½ c. à s. d'huile d'arachide
2 c. à s. de sauce soja

Matériel
couteau bien affûté
wok
pince en bois

① préparer

Séparez les feuilles de bok choy et coupez-les en deux dans la longueur. Si votre bok choy est jeune et petit, coupez-le en deux sans séparer les feuilles.

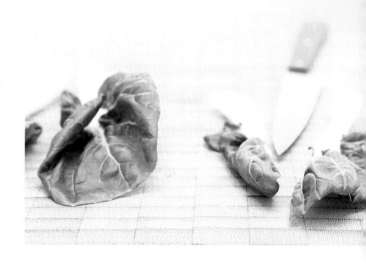

② hacher

Pelez et hachez finement le gingembre et l'ail. Coupez les piments en deux, épépinez-les et émincez-les. Faites chauffer l'huile dans un wok jusqu'à ce qu'elle soit très chaude. Faites-y revenir l'ail, le gingembre et le piment pendant environ 10 secondes, puis ajoutez le bok choy et faites-le cuire jusqu'à ce qu'il soit presque complètement ramolli. Surveillez bien la cuisson de l'ail car il brûle facilement.

③ remuer

Ajoutez la sauce soja et remuez pour bien enrober les feuilles. Servez aussitôt.

champignons

TRÈS
FACILE

PRÉPARATION 5 MIN
CUISSON 15 MIN

Tagliatelles aux champignons, à la roquette et aux piments

Matériel
marmite
sauteuse

Chez le primeur
500 g de champignons
  coupés en morceaux
  irréguliers
5 gousses d'ail pelées
  et émincées
200 g de feuilles de roquette

Chez l'épicier
400 g de tagliatelles
sel et poivre
4 c. à s. d'huile d'olive
1 ½ c. à c. de piment
  en paillettes
4 c. à s. d'huile d'olive
  vierge extra
parmesan fraîchement râpé

① cuire

Faites cuire les pâtes dans une grande quantité d'eau bouillante salée jusqu'à ce qu'elles soient *al dente*.

② faire sauter

Pendant que les pâtes cuisent, faites cuire la moitié des champignons à feu moyen-vif, dans 2 cuillerées à soupe d'huile d'olive, jusqu'à ce qu'ils soient bien dorés (les champignons rendent beaucoup d'eau lorsqu'ils cuisent, d'où la nécessité de les chauffer à feu relativement vif pour que l'eau s'évapore). Assaisonnez les champignons et versez-les dans un récipient. Faites cuire l'autre moitié des champignons dans le reste d'huile d'olive. Quand ils sont bien dorés, ajoutez l'ail, le piment, du sel et du poivre, et faites cuire encore 2 minutes.

③ mélanger

Ajoutez ces champignons aux premiers, dans le récipient. Ajoutez la roquette, l'huile d'olive vierge extra, et laissez les feuilles ramollir.
Égouttez les tagliatelles puis versez-les dans la sauteuse. Ajoutez la préparation aux champignons, assaisonnez et remuez délicatement. Servez aussitôt, avec du parmesan râpé.

FACILE

PRÉPARATION 15 MIN · CUISSON 30 MIN ·

Salade de lentilles aux champignons et aux topinambours

Matériel
passoire
cocotte
sauteuse

Chez le primeur
½ petit oignon
½ branche de céleri
1 c. à s. de persil plat ciselé
2 c. à s. de persil frisé ciselé
350 g de topinambours
le jus de ½ citron
100 g de pousses d'épinards
200 g de champignons
   sauvages

Chez l'épicier
175 g de lentilles vertes
   du Puy
5 c. à s. d'huile d'olive
sel et poivre
15 g de beurre doux

Sauce
1 ½ c. à s. de vinaigre de vin
   blanc

1 c. à c. de moutarde de Dijon
sel et poivre
6 c. à s. d'huile d'olive vierge
   extra
1 pincée de sucre en poudre

① égoutter

Préparez la sauce en fouettant ensemble tous les ingrédients. Rincez les lentilles, versez-les dans une cocotte, recouvrez-les d'eau froide et portez à ébullition. Réduisez le feu et faites cuire les lentilles jusqu'à ce qu'elles soient tendres (comptez entre 20 et 30 minutes). Surveillez la cuisson : les lentilles doivent être cuites sans être en purée. Pendant que les lentilles cuisent, hachez finement l'oignon et le céleri. Faites fondre à feu doux dans 2 cuillerées à soupe d'huile. Égouttez les lentilles, ajoutez-les au mélange oignon-céleri et remuez soigneusement. Ajoutez deux tiers de la sauce et le persil. Salez et poivrez généreusement.

② trancher

Pelez et lavez les topinambours et faites-les cuire dans de l'eau bouillante salée et citronnée (le citron empêche les topinambours de s'oxyder). Lorsqu'ils sont cuits *al dente*, égouttez-les. Taillez-les en tranches d'environ 5 mm d'épaisseur. Faites chauffer 2 cuillerées à soupe d'huile d'olive dans une petite casserole et faites-y dorer les tranches de topinambours. Surveillez la cuisson : les tranches ne doivent pas se décomposer.

③ faire sauter

Mélangez les pousses d'épinards et les tranches de topinambours avec le reste de sauce. Répartissez ce mélange sur 4 assiettes. Versez les lentilles autour de la salade puis faites revenir rapidement les champignons coupés en morceaux dans le reste d'huile d'olive et le beurre. Assaisonnez puis répartissez les champignons sur les assiettes. Arrosez avec le jus de cuisson et servez aussitôt.

TRÈS
FACILE

PRÉPARATION 5 MIN · CUISSON 20-30 MIN

Champignons rôtis au vinaigre balsamique, gorgonzola et sauge

Matériel
plat à four peu profond
petite poêle à frire

Chez le primeur
700 g de gros champignons
de couche
8 gousses d'ail pelées
et émincées
environ 8 brins de thym
20 g de feuilles de sauge

Chez l'épicier
6 c. à s. d'huile d'olive
4 c. à s. de vinaigre
balsamique
sel et poivre
150 g de gorgonzola

① rôtir

Préchauffez le four à 190 °C (th. 6). Nettoyez les champignons. Laissez-les entiers et mettez-les dans un plat à four. Ajoutez l'ail, le thym, 4 cuillerées à soupe d'huile d'olive, le vinaigre balsamique, du sel et du poivre. Remuez soigneusement, en veillant à ce que les champignons soient bien enrobés d'huile. Enfournez et faites rôtir 30 minutes. À la sortie du four, les champignons seront fondants et grillés sur les bords.

② égoutter

Faites chauffer le reste d'huile d'olive dans une petite poêle. Quand l'huile est très chaude, faites-y revenir rapidement les feuilles de sauge. Surveillez la cuisson pour éviter que la sauge brûle. Sortez les feuilles dès qu'elles sont croustillantes et posez-les sur du papier absorbant.

③ morceler

Morcelez le gorgonzola et répartissez-le sur les champignons rôtis. Parsemez de feuilles de sauge et servez.

57

FACILE

PRÉPARATION 5 MIN · TREMPAGE 1 H · CUISSON 40 MIN

Soupe russe aux champignons sauvages et à l'orge

Matériel
Cocotte à fond épais,
avec couvercle

Chez le primeur
45 g de champignons
   sauvages séchés
1 gros oignon haché finement
450 g de champignons
   de couche émincés
1 branche de céleri hachée
   finement
1 grosse pomme de terre
   pelée et coupée en dés

1 bouquet garni frais
les feuilles d'1 petite poignée
   de persil ou d'aneth haché
   grossièrement + quelques
   brins au moment de servir
le jus de ½ citron

Chez l'épicier
50 g de beurre
120 g d'orge perlé

1,5 l de bouillon de volaille
   ou de bœuf bien parfumé
sel et poivre
250 ml de crème fraîche

① tremper

Recouvrez les champignons séchés d'eau bouillante et laissez-les tremper pendant environ 1 heure. Égouttez, réservez l'eau et coupez les champignons en morceaux.

② faire sauter

Faites fondre le beurre dans une grande cocotte à fond épais. Faites-y revenir l'oignon et les champignons frais pendant environ 15 minutes. Ajoutez l'orge, les champignons séchés, l'eau des champignons et le bouillon. Assaisonnez, couvrez, réduisez le feu et laissez frémir 20 minutes.

③ cuire

Ajoutez le céleri, la pomme de terre et le bouquet garni. Poursuivez la cuisson jusqu'à ce que l'orge soit cuit et que les légumes soient fondants (comptez environ 20 minutes de cuisson). Sortez le bouquet garni et versez la crème. Faites chauffer à feu doux et ajoutez le persil (ou l'aneth) et le jus de citron. Goûtez et rectifiez l'assaisonnement. Répartissez la soupe bien chaude dans les assiettes, décorez avec un brin de persil et servez aussitôt.

Salade italienne au pain, aux champignons et au pecorino

PRÉPARATION 10 MIN

TRÈS FACILE

CUISSON 5 MIN

Matériel
saladier peu profond
bol
épluche-légumes

Chez le primeur
½ tête d'ail coupée
  horizontalement
275 g de petits champignons
  de Paris
le jus de ½ citron
1 c. à s. de persil ciselé

Chez l'épicier
3-4 tranches épaisses de pain
  de campagne (de préférence
  au levain)
5 c. à s. d'huile d'olive vierge
  extra + 1 filet au moment
  de servir (facultatif)
sel et poivre
50 g de pecorino

1 ailler

Faites légèrement toaster le pain sur les deux faces, sous le gril d'un four préchauffé. Frottez les tranches de pain avec l'ail puis morcelez-les grossièrement. Mettez le pain dans un saladier peu profond et arrosez-le avec la moitié de l'huile d'olive vierge extra.

2 émincer

Nettoyez délicatement les champignons. Supprimez la base des pieds puis émincez les champignons très finement. Ajoutez-les au pain. Salez, poivrez, puis versez le jus de citron et le reste d'huile d'olive.

3 mélanger

Avec un épluche-légumes, taillez des copeaux de pecorino au-dessus du saladier. Ajoutez le persil et remuez le tout délicatement. Les champignons et le pain ramolliront légèrement en s'imbibant de l'huile et du jus de citron. Goûtez et rectifiez l'assaisonnement. Arrosez éventuellement avec un filet d'huile d'olive et servez aussitôt.

Tarte aux champignons et au marsala

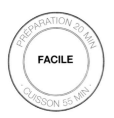

PRÉPARATION 20 MIN
FACILE
CUISSON 55 MIN

Matériel
robot
rouleau à pâtisserie
moule à tarte (25 cm de
  diamètre, 3 cm de
  haut)
2 poêles à frire

Pour la pâte
125 g de beurre
250 g de farine ordinaire
  + un peu pour fariner le plan
  de travail
¼ c. à c. de sel
1 jaune d'œuf mélangé avec
  1 c. à s. d'eau très froide

Pour la garniture
25 g de champignons séchés
2 gros œufs entiers + 2 jaunes
350 ml de crème fraîche
1 bonne pincée de noix
  de muscade fraîche
sel et poivre
30 g de beurre doux
1 c. à s. d'huile d'olive
450 g de champignons
  mélangés (dont des
  champignons sauvages,
si possible), coupés
en morceaux
1 oignon de taille moyenne
  pelé et haché finement
4 c. à s. de marsala sec

① pétrir

Préparez la pâte : travaillez le beurre, la farine et le sel dans un robot, jusqu'à ce que le mélange forme un sable grossier. Incorporez le jaune d'œuf mélangé à l'eau très froide. Vous devez obtenir une boule de pâte. Abaissez le pâton au rouleau sur un plan de travail légèrement fariné, jusqu'à obtention d'un disque suffisamment grand pour tapisser un moule à tarte de 25 cm de diamètre. Placez le moule au réfrigérateur pendant 30 minutes. Préchauffez le four à 200 °C (th. 6). Déposez un morceau de papier sulfurisé sur la pâte puis recouvrez le papier de haricots secs. Faites cuire la pâte à blanc pendant 10 minutes. Retirez les haricots et le papier, et faites cuire encore 5 minutes.

② mélanger

Pendant que la pâte cuit, recouvrez les champignons d'eau bouillante jusqu'à ce qu'ils affleurent et laissez reposer 15 minutes.
Préparez la garniture : mélangez les œufs entiers, les jaunes, la crème, la noix de muscade, du sel et du poivre. Faites chauffer un tiers du beurre et la moitié de l'huile dans une poêle à frire. Faites-y revenir l'oignon jusqu'à ce qu'il soit fondant et doré. Faites chauffer le reste de beurre et d'huile dans une autre poêle à frire, et faites-y revenir rapidement les champignons frais. Ajoutez-leur les champignons séchés, l'eau de trempage, l'oignon et le marsala. Faites chauffer à feu vif jusqu'à ce que tout le liquide se soit évaporé.

③ garnir

Étalez la préparation aux champignons sur la pâte. Versez lentement le mélange aux œufs sur les champignons. Abaissez la température du four à 190 °C (th. 5) et enfournez la tarte pendant 30 minutes. Le dessus doit être doré et le centre juste pris. Sortez la tarte du four et laissez reposer environ 10 minutes dans le moule pour que la tarte finisse de cuire.

céréales
& légumineuses

PRÉPARATION 10 MIN
TRÈS FACILE
· CUISSON 30 MIN ·

Pois chiches et aubergines à l'indienne

Matériel
petit plat à gratin
cocotte à fond épais

Chez le primeur
1 aubergine coupée
  en morceaux
1 oignon pelé et émincé
4 gousses d'ail pelées et
  hachées
1 piment rouge coupé en
  deux, épépiné et haché
les feuilles de 4 longs brins de
  menthe, froissées (facultatif)

Chez l'épicier
4 c. à s. d'huile de tournesol
1 c. à c. de gingembre
  en poudre
1 c. à c. de curcuma
1 c. à c. de cumin
1 c. à c. de graines
  de moutarde
400 g de tomates en conserve
sel et poivre

2 c. à s. de pâte de tamarin
2 c. à s. de miel liquide
400 g de pois chiches en
  conserve, rincés et égouttés

Pour accompagner
pain naan ou riz cuit
yaourt

① rôtir

Préchauffez le four à 200 °C (th. 6). Dans un petit plat à gratin, tournez les morceaux d'aubergine dans 3 cuillerées à soupe d'huile. Faites rôtir 15 minutes, jusqu'à ce que les dés d'aubergine soient tendres et dorés.

② épicer

Faites chauffer le reste d'huile dans une cocotte à fond épais puis faites-y revenir l'oignon jusqu'à ce qu'il soit fondant et doré. Ajoutez l'ail, le piment, le gingembre, le curcuma, le cumin et les graines de moutarde. Remuez soigneusement. Faites chauffer 3 minutes à feu moyen jusqu'à ce que les épices embaument.

③ remuer

Ajoutez les tomates, 200 ml d'eau, du sel et du poivre. Portez à ébullition puis baissez le feu et laissez frémir 5 minutes. Ajoutez le tamarin, le miel, les dés d'aubergine et les pois chiches. Faites cuire à feu doux pendant environ 10 minutes pour que les parfums se mélangent. Goûtez et rectifiez l'assaisonnement puis ajoutez les feuilles de menthe (facultatif). Servez ce plat avec du pain naan (ou du riz) et du yaourt.

Pois chiches, chou-fleur et poivrons rôtis à l'halloumi

PRÉPARATION 10 MIN
FACILE
CUISSON 40 MIN

Matériel
petit plat à rôtir
casserole
passoire
poêle à frire
poêle-gril

Chez le primeur
2 poivrons rouges coupés
   en deux et épépinés
1 petit chou-fleur séparé
   en bouquets
1 petit oignon pelé, coupé
   en deux et émincé
2 gousses d'ail pelées
   et émincées finement
1 grosse poignée de coriandre
   ciselée

Chez l'épicier
huile d'olive, pour
   badigeonner/frire
sel et poivre
410 g de pois chiches en
   conserve, rincés et égouttés
100 g d'halloumi coupé
   en tranches
1 c. à s. de vinaigre de vin
   blanc

4 c. à s. d'huile d'olive vierge
   extra, pour la sauce

① peler

Préchauffez le four à 200 °C (th. 6). Posez les poivrons rouges dans un petit plat à gratin. Badigeonnez-les d'huile d'olive et assaisonnez-les. Enfournez pendant environ 30 minutes, jusqu'à ce que les poivrons soient fondants et leur peau noircie par endroits. Laissez refroidir légèrement, enlevez la peau puis coupez en lanières.

② égoutter

Faites cuire les bouquets de chou-fleur dans de l'eau bouillante salée jusqu'à ce qu'ils soient juste tendres. Égouttez très soigneusement. Faites chauffer 2 cuillerées à soupe d'huile d'olive dans une poêle à frire et faites-y fondre l'oignon jusqu'à ce qu'il soit légèrement doré. Ajoutez l'ail, du sel et du poivre, et poursuivez la cuisson 1 minute. Versez le contenu de la poêle dans un saladier peu profond.

③ faire revenir

Faites chauffer une autre cuillerée à soupe d'huile dans la poêle (inutile de la laver). Faites-y revenir rapidement le chou-fleur pour le colorer légèrement et le réchauffer. Ajoutez le chou-fleur, les pois chiches et les poivrons rôtis dans le saladier. Coupez l'halloumi en tranches d'environ 3 mm d'épaisseur puis badigeonnez-les d'huile d'olive. Faites cuire les tranches dans une poêle-gril, environ 1 minute de chaque côté : le fromage doit être joliment strié et chaud. Versez le vinaigre de vin blanc dans un bol et assaisonnez. Avec un fouet, incorporez 4 cuillerées à soupe d'huile d'olive. Versez cette sauce sur la salade. Ajoutez la coriandre et l'halloumi, remuez légèrement et servez.

69

Risotto milanais

PRÉPARATION 5 MIN

FACILE

CUISSON 35 MIN

Chez le primeur
4 échalotes

Chez l'épicier
50 g de beurre
1 c. à s. d'huile d'olive
1 grosse pincée de filaments
  de safran
1 l de bouillon de volaille
  chaud
500 g de riz pour risotto
50 ml de vin blanc sec
sel et poivre
parmesan fraîchement râpé,
  au moment de servir

Matériel
cocotte à fond épais
casserole
louche

① hacher

Pelez et hachez très finement les échalotes. Faites chauffer la moitié du beurre avec l'huile d'olive dans une cocotte à fond épais. Faites-y fondre les échalotes à feu doux, sans les colorer.

② dissoudre

Versez environ 50 ml d'eau bouillante sur le safran et remuez pour l'aider à se dissoudre. Versez ce mélange ainsi que le bouillon chaud dans une casserole.

③ remuer

Versez le riz dans la cocotte à fond épais contenant les échalotes. Remuez quelques minutes jusqu'à ce que les grains de riz soient nacrés. Ajoutez le vin et remuez jusqu'à ce que presque tout le liquide se soit évaporé. Ajoutez progressivement le bouillon au safran (une louche à la fois), en remuant constamment. Attendez que tout le bouillon ait été absorbé avant d'ajouter la louche suivante. Il faudra environ 25 minutes pour incorporer tout le liquide et cuire le risotto. La texture du risotto doit être crémeuse, mais les grains de riz doivent être encore très légèrement croquants au centre. Goûtez et rectifiez l'assaisonnement, en veillant à ne pas trop saler la préparation. Incorporez le reste de beurre et couvrez. Laissez reposer 5 minutes à couvert avant de servir, avec du parmesan fraîchement râpé.

71

FACILE

PRÉPARATION 5 MIN · TREMPAGE 30 MIN · CUISSON 30 MIN

Salade de riz aux haricots verts et aux griottes

Matériel
3 cocottes
passoire
bol

Chez le primeur
le jus de ½ citron
100 g de haricots verts
  éboutés et coupés en deux
3 c. à s. de persil plat ciselé

Chez l'épicier
100 g de riz basmati
350 ml de bouillon de volaille
  ou d'eau
50 g de riz sauvage
50 g de riz rouge
  de Camargue
50 g de griottes séchées
sel et poivre

Sauce
1 c. à s. de vinaigre de cidre
¼ c. à c. de moutarde
  de Dijon
1 gousse d'ail pelée et pilée
2 c. à c. de miel liquide
sel et poivre
4 c. à s. d'huile d'olive

① cuire

Rincez le riz basmati sous l'eau froide et égouttez.
Versez le riz dans une cocotte avec le bouillon. Portez
à ébullition et laissez cuire jusqu'à ce que vous ne
voyiez plus le liquide et que des « cratères » se soient
formés en surface. Baissez le feu, couvrez et laissez
cuire. Surveillez tout de même la cuisson pour vous
assurer que le riz ne se dessèche pas. Ajoutez un
peu d'eau si nécessaire. Versez le riz sauvage et le
riz de Camargue dans une cocotte d'eau bouillante
et laissez frémir environ 20 minutes. Le riz sauvage
ramollit légèrement. Égouttez le mélange riz sauvage-
riz camarguais et ajoutez-le au riz basmati, avec le jus
de citron.

② tremper

Versez de l'eau bouillante sur les cerises et laissez-les
se réhydrater pendant environ 30 minutes. Égouttez.
Faites cuire les haricots *al dente* dans de l'eau
bouillante salée. Égouttez et rincez sous l'eau froide
pour fixer leur couleur.

③ assembler

Préparez la sauce en fouettant ensemble tous les
ingrédients. Versez cette sauce dans le riz chaud,
avec les haricots, les cerises et le persil. Goûtez
(le riz a besoin d'un assaisonnement généreux)
et rectifiez éventuellement l'assaisonnement.

FACILE

PRÉPARATION 10 MIN

CUISSON 30 MIN

Risotto verde

Matériel
casserole
cocotte à fond épais
blender
louche

Chez le primeur
200 g de petits pois frais
(poids écossés)
200 g de jeunes fèves (poids
écossées)
4 c. à s. de feuilles de basilic
2 c. à s. de feuilles de menthe

75 g d'oignons de printemps
hachés (aussi les tiges
vertes)
2 gousses d'ail pelées et
hachées finement
1 trait de jus de citron

Chez l'épicier
sel et poivre
50 g de beurre
750 ml de bouillon de volaille
150 g de riz pour risotto (de
préférence du vialone nano)
100 g de parmesan ou de
pecorino fraîchement râpé

1 réduire en purée

Portez une casserole d'eau à ébullition. Ajoutez ½ cuillerée à café de sel et faites cuire les petits pois jusqu'à ce qu'ils soient *al dente*. Égouttez, réservez l'eau de cuisson et ajoutez une noix de beurre aux petits pois. Faites cuire les fèves dans l'eau de cuisson des petits pois jusqu'à ce qu'elles soient fondantes. Égouttez, en réservant l'eau de cuisson. Quand les fèves peuvent être manipulées, enlevez la peau fine qui les entoure. Ajoutez-leur les petits pois. Dans un blender, réduisez en purée un tiers du mélange pois fèves, avec la moitié du basilic et de la menthe, un peu de sel et de poivre, une grosse noix de beurre et environ 25 ml de l'eau de cuisson.

2 cuire

Faites chauffer le bouillon jusqu'à frémissement. Faites fondre le beurre dans une cocotte à fond épais. Faites-y fondre les oignons de printemps à feu doux puis ajoutez le riz et l'ail. Remuez 2 à 3 minutes jusqu'à ce que les grains de riz soient nacrés. Versez progressivement le bouillon (une louche à la fois), en remuant constamment. Attendez que tout le bouillon ait été absorbé avant d'ajouter la louche suivante. Il faudra entre 15 et 20 minutes pour incorporer tout le liquide. Au bout de ce temps de cuisson, le riz doit être quasiment cuit.

3 assembler

Incorporez délicatement la purée pois-fèves au risotto. Ajoutez les fèves et les petits pois entiers, ainsi que le reste de basilic et de menthe. Ajoutez un généreux trait de jus de citron et un quart du fromage. Goûtez, rectifiez l'assaisonnement et ajustez la cuisson : le riz doit être *al dente*. Servez aussitôt, avec le reste de fromage.

PRÉPARATION 5 MIN

**TRÈS
FACILE**

CUISSON 5 MIN

Flageolets crémeux
au persil et à l'ail

Matériel
casserole
passoire
zesteur

Chez le primeur
2 gousses d'ail pelées
    et hachées finement
2 c. à s. de persil plat ciselé
½ citron

Chez l'épicier
20 g de beurre
2 x 400 g de flageolets
    en conserve
150 ml de crème fraîche
sel et poivre

① égoutter

Faites fondre le beurre dans une grande casserole. Faites-y revenir l'ail 2 minutes à feu modéré. L'ail ne doit pas dorer. Égouttez et rincez les flageolets.

② cuire

Ajoutez les flageolets, le persil et la crème dans la casserole. Remuez soigneusement, augmentez le feu et faites cuire jusqu'à ce que les flageolets soient bien chauds et la sauce onctueuse.

③ citronner

Ajoutez un trait de jus de citron, un peu de sel et de poivre, goûtez et rectifiez l'assaisonnement (les flageolets ont besoin d'un assaisonnement généreux). À l'aide d'un zesteur, prélevez le zeste d'un demi-citron. Parsemez les flageolets de zeste de citron et servez aussitôt.

TRÈS
FACILE

PRÉPARATION 5 MIN

CUISSON 40 MIN

Soupe épicée aux lentilles et au yaourt

Matériel
cocotte à fond épais

Chez le primeur
1 oignon pelé et haché
   finement
1 branche de céleri hachée
   finement
3 gousses d'ail pelées
   et hachées finement
1 piment rouge coupé
   en deux, épépiné et haché

Chez l'épicier
3 c. à s. d'huile d'olive
1 c. à s. de cumin en poudre
140 g de lentilles rouges
400 g de tomates concassées
   en conserve
800 ml de bouillon de volaille
   ou d'eau
sel et poivre

Sauce au yaourt
250 g de yaourt grec
2 gousses d'ail pelées
   et pilées
les feuilles de 6 brins
   de menthe, ciselées
2 c. à s. d'huile d'olive

① faire sauter

Faites chauffer l'huile d'olive dans une cocotte à fond épais et faites-y revenir l'oignon et le céleri jusqu'à ce qu'ils soient fondants sans être colorés. Ajoutez l'ail, le piment et le cumin, et poursuivez la cuisson 2 minutes.

② verser

Ajoutez les lentilles, les tomates concassées et le bouillon (ou l'eau). Portez à ébullition puis baissez le feu et laissez frémir environ 30 minutes jusqu'à ce que les lentilles soient en purée. Salez et poivrez puis goûtez et rectifiez l'assaisonnement (les lentilles ont besoin d'un assaisonnement généreux).

③ mélanger

Mélangez le yaourt avec l'ail, la menthe et l'huile d'olive.
Versez la soupe dans des bols chauds, déposez 1 cuillerée de yaourt et servez aussitôt.

légumes racines

FACILE
PRÉPARATION 10 MIN
CUISSON 30 MIN

Ragoût de légumes toscan

Matériel
casserole avec couvercle
cuillère en bois
passoire

Chez le primeur
200 g de potiron ou de courge
1 oignon pelé et haché
   grossièrement
1 branche de céleri coupée
   en petits tronçons
200 g de carottes pelées et
   coupées en petits morceaux
150 g de pommes de terre
   pelées et coupées en dés

2 gousses d'ail pelées
   et pilées
175 g de chou vert paré
   (sans les grosses côtes),
   taillé en lanières

Chez l'épicier
4 c. à s. d'huile d'olive
sel et poivre
300 g de haricots blancs
   en conserve

3 c. à s. de concentré
   de tomate
1 l de bouillon de volaille
   ou de légumes
croûte de parmesan (facultatif)
copeaux de parmesan,
   au moment de servir
1 filet d'huile d'olive vierge
   extra, au moment de servir

① hacher

Retirez l'écorce et les graines du potiron. Coupez la chair en petits morceaux. Faites chauffer une casserole à feu moyen puis versez-y 2 cuillerées à soupe d'huile d'olive. Faites-y revenir l'oignon et le céleri jusqu'à ce qu'ils soient fondants et légèrement dorés. Ajoutez les dés de potiron, de carottes et de pommes de terre, le reste de l'huile, du sel et du poivre, et un filet d'eau. Couvrez la casserole et faites suer les légumes à feu très doux pendant 15 minutes. Veillez à ce que les ingrédients n'adhèrent pas au fond de la casserole : ajoutez un peu d'eau si nécessaire.

② égoutter

Retirez le couvercle et ajoutez l'ail. Remuez et poursuivez la cuisson quelques minutes. Rincez et égouttez les haricots blancs. Versez-les dans la casserole, avec le concentré de tomate.

③ mijoter

Ajoutez le bouillon, du sel et du poivre. Si vous avez de la croûte de parmesan, ajoutez-la également (cela parfumera merveilleusement le ragoût). Laissez frémir 10 à 15 minutes à découvert. Si la sauce est trop liquide, prolongez un peu la cuisson. Ajoutez le chou et faites cuire encore 4 minutes. Goûtez et rectifiez l'assaisonnement. Si vous avez utilisé de la croûte de parmesan, retirez-la maintenant.
Parsemez de copeaux de parmesan, arrosez avec un filet d'huile d'olive vierge extra, et servez aussitôt.

Rutabaga au cresson et aux lardons

TRÈS FACILE

PRÉPARATION 10 MIN
CUISSON 30 MIN

Matériel
casserole
poêle à frire

Chez le boucher
150 g de lardons

Chez le primeur
500 g de rutabagas
  ou de navets
150 g de cresson dont vous
  aurez supprimé les tiges les
  moins tendres et dont vous
  aurez grossièrement haché
  le reste

Chez l'épicier
20 g de beurre doux
½ c. à s. d'huile d'olive
sel et poivre

1 couper

Pelez les rutabagas (ou les navets) et coupez-les en morceaux. Faites-les cuire dans de l'eau bouillante légèrement salée jusqu'à ce qu'ils soient fondants, puis égouttez-les à fond.

2 faire revenir

Faites chauffer le beurre et l'huile d'olive dans une poêle à frire. Faites-y revenir les lardons jusqu'à ce qu'ils soient légèrement dorés puis ajoutez les rutabagas. Augmentez le feu et laissez cuire jusqu'à ce que les lardons et les rutabagas soient bien dorés.

3 faire ramollir

Mettez le cresson dans un récipient. Versez les lardons et les rutabagas sur le cresson et laissez les feuilles ramollir légèrement : il faut que le cresson reste bien vert et que ses feuilles ne soient pas complètement flétries. Salez et poivrez généreusement (poivre noir fraîchement moulu). Servez aussitôt.

85

Curry vert thaï

PRÉPARATION 15 MIN

**TRÈS
FACILE**

CUISSON 40 MIN

Matériel
wok

Chez le primeur
1 oignon
4 gousses d'ail
1 piment rouge coupé en deux
   et épépiné
175 g de carottes
275 g de patates douces
150 g de pommes de terre
   à chair ferme
150 g d'épinards lavés
   et parés (sans les tiges
   coriaces)

le jus d'1 citron vert
1 petite poignée de coriandre
   hachée grossièrement

Chez l'épicier
1 c. à s. d'huile d'arachide
   ou de tournesol
3 c. à s. de pâte de curry vert
   thaï (ou selon votre goût)
500 ml de bouillon de volaille
   ou d'eau

400 ml de crème de coco
   en conserve
1 c. à s. de sucre roux
1 c. à s. de nuoc-mâm

Pour accompagner
riz cuit à l'eau bouillante

① préparer

Parez les légumes. Pelez l'oignon et coupez-le
en quartiers. Pelez et hachez finement l'ail. Taillez
deux ou trois fines languettes de piment (pour garnir
à la fin) et hachez menu le reste. Pelez les carottes,
les patates douces et les pommes de terre, et
coupez-les en morceaux.

② cuire

Faites chauffer l'huile dans un wok et faites-y fondre
l'oignon. Ajoutez l'ail et la pâte de curry, et poursuivez
la cuisson 2 minutes.
Versez le bouillon (ou l'eau) et la crème de coco,
puis ajoutez le piment et les morceaux de carottes,
de patates douces et de pommes de terre. Aux
premiers frémissements, baissez le feu et laissez
mijoter 30 minutes. Au bout de ce temps de cuisson,
les légumes doivent être fondants. Si vous souhaitez
épaissir légèrement la sauce, écrasez quelques-uns
des morceaux de patates douces avec le dos d'une
cuillère en bois.

③ mélanger

Ajoutez les épinards qui ramolliront au contact
de la sauce chaude. Ajoutez ensuite le sucre,
le nuoc-mâm et le jus de citron, et réchauffez
le tout : goûtez et rajoutez éventuellement un peu
de ces trois ingrédients. Finissez avec la coriandre
et décorez avec les languettes de piment.

PRÉPARATION 15 MIN
FACILE

Carpaccio de légumes et sauce aux herbes

Matériel
fouet
couteau bien affûté
  ou mandoline

Chez le primeur
100 g de radis lavés et parés
6 carottes moyennes pelées
  (gardez les fanes si elles sont
  très fraîches)
2 petits bulbes de fenouil
le jus d'1 citron
1 avocat juste mûr
1 petite betterave crue pelée

Sauce
½ c. à c. de moutarde
  à l'ancienne
sel et poivre
1 pincée de sucre en poudre
1 c. à s. de vinaigre de vin
  blanc
1 gousse d'ail pilée
4 c. à s. d'huile d'olive
  vierge extra

½ c. à s. de persil et de
  ciboulette hachés finement

① fouetter

Préparez la sauce en mélangeant ensemble
la moutarde, du sel, du poivre, le sucre, le vinaigre
et l'ail dans un bol. Versez l'huile en filet régulier
et fouettez. Ajoutez le persil et la ciboulette.
Supprimez les fanes des radis ainsi que la petite
queue, puis taillez-les en tranches très fines.

② émincer

Coupez les carottes dans la longueur, en tranches
très fines, avec un couteau bien tranchant ou
une mandoline. Il y aura un peu de perte car vous
ne devrez garder que les plus jolies tranches (les
premières et dernières tranches ne pourront être
utilisées, par exemple). Coupez les fenouils en deux
et supprimez les feuilles externes coriaces. Éliminez
l'extrémité sèche des tiges mais conservez les petites
fanes que vous mélangerez à la salade. Taillez
ensuite les bulbes en tranches très fines, à l'aide
d'un couteau bien affûté ou d'une mandoline.
Arrosez avec du jus de citron pour empêcher
l'oxydation. Coupez l'avocat en deux et retirez le
noyau. Taillez la chair de l'avocat en tranches fines
puis enlevez délicatement la peau de chaque
tranche. Arrosez avec du jus de citron.

③ couper

Émincez la betterave avec une mandoline – les
tranches doivent être extrêmement fines. Disposez
les légumes sur 4 assiettes, sans oublier les petites
fanes de fenouil. Soignez la présentation, en faisant
attention à la betterave qui libère un jus violacé.
Arrosez avec un peu de sauce et servez aussitôt.

FACILE

PRÉPARATION 10 MIN
CUISSON 45-60 MIN

Matériel
grand plat à rôtir

Légumes rôtis et salsa verde

Chez le primeur
750 g de pommes de terre
    fermes ou farineuses
3 oignons rouges pelés
400 g de carottes
400 g de panais
les feuilles de quelques brins
    de thym + 5 brins entiers

Chez l'épicier
4 c. à s. d'huile d'olive
1 c. à s. de vinaigre
    balsamique
sel et poivre

Salsa verde
1 poignée de feuilles de
    menthe, de basilic et de
    persil (3 poignées en tout)
2 c. à s. de câpres rincées

1 échalote pelée et hachée
    très finement
1 gousse d'ail pelée et hachée
    très finement
6 filets d'anchois marinés,
    égouttés
½ c. à c. de moutarde
    de Dijon
4 c. à s. d'huile d'olive vierge
    extra
le jus d'½ citron

① peler

Préchauffez le four à 190 °C (th. 6). Préparez les légumes. Coupez les pommes de terre en morceaux (environ la taille d'une noix). Coupez les oignons en deux puis taillez chaque moitié en trois quartiers. Parez et pelez les carottes et les panais, puis coupez-les en deux ou en quatre.

② arroser

Étalez tous les légumes dans un grand plat à rôtir, en une seule couche. Arrosez avec l'huile d'olive puis ajoutez le thym, le vinaigre, du sel et du poivre. Mélangez le tout avec les mains. Enfournez et faites cuire 45 à 60 minutes, jusqu'à ce que les légumes soient fondants. Posez une feuille d'aluminium sur le plat si les légumes commencent à trop griller.

③ mélanger

Préparez la salsa : hachez finement la menthe, le basilic et le persil, et mettez-les dans un bol avec les câpres, les échalotes et l'ail. Hachez les anchois le plus finement possible. Ajoutez-les dans le bol, avec la moutarde et de l'huile d'olive. Vous devez obtenir une sauce à la fois grumeleuse et huileuse qui enrobera les légumes. Incorporez le jus de citron très progressivement, en goûtant le mélange avant chaque ajout (vous n'utiliserez peut-être pas tout le demi-citron).
Servez les légumes rôtis et la salsa verde séparément.

FACILE

PRÉPARATION 15 MIN

· CUISSON 1H10 ·

Gratin de pommes de terre et de betteraves au fromage de chèvre

Matériel
mandoline
grande casserole
plat à gratin

Chez le primeur
500 g de pommes de terre,
  de préférence fermes
500 g de betteraves cuites

Chez l'épicier
425 ml de crème fraîche
140 ml de crème aigre
85 ml de lait entier
sel et poivre
beurre, pour graisser le plat
150 g de fromage de chèvre
  morcelé

① trancher

Pelez les pommes de terre et coupez-les en tranches
très fines, la mandoline étant l'ustensile le plus
adapté pour cette opération. Avec un couteau,
émincez également les betteraves (les tranches
ne doivent pas être aussi fines que les tranches
de pommes de terre).

② mélanger

Dans une grande casserole, mélangez la crème
fraîche avec la crème aigre et le lait. Faites chauffer
jusqu'à ce que le mélange soit sur le point de bouillir.
Ajoutez les pommes de terre dans la casserole
et faites cuire 5 minutes à feu doux. Assaisonnez
généreusement.

③ assembler

Préchauffez le four à 180 °C (th. 6). Beurrez un plat
à gratin. Versez la moitié des pommes de terre dans
le plat. Disposez les tranches de betteraves sur les
pommes de terre, en les assaisonnant, et poursuivez
avec le fromage de chèvre. Répartissez le reste
de pommes de terre sur le fromage. Vous pouvez
soigner la présentation en rangeant et en faisant
se chevaucher les tranches de pommes de terre
de cette dernière couche.
Enfournez pendant 1 heure, jusqu'à ce que les
légumes soient fondants. Au bout de 45 minutes de
cuisson, vous devrez peut-être recouvrir le plat avec
de l'aluminium pour que la préparation ne brûle pas.

Légumes épicés à la marocaine

PRÉPARATION 15 MIN

TRÈS FACILE

CUISSON 40 MIN

Matériel
cocotte

Chez le primeur

1 oignon pelé et coupé
en quartiers

2,5 cm de gingembre frais,
pelé et haché

3 gousses d'ail pelées
et hachées finement

500 g de courge butternut
pelée, épépinée et coupée
en morceaux

1 pomme de terre pelée
et coupée en tranches

2 carottes grattées et coupées
en gros tronçons

1 bulbe de fenouil

1 bouquet de coriandre
de taille moyenne

2 tomates coupées
en quartiers

Chez l'épicier

2 c. à s. d'huile d'olive

¾ c. à c. de curcuma

1,2 l de bouillon de volaille
ou d'eau

1 grosse pincée de filaments
de safran

½ bâton de cannelle

15 g de raisins secs

sel et poivre

400 g de pois chiches
en conserve

1 c. à s. de harissa

① cuire

Faites chauffer l'huile d'olive dans une grande cocotte. Faites-y revenir les quartiers d'oignon jusqu'à ce qu'ils commencent à ramollir et à dorer légèrement. Baissez le feu et ajoutez le gingembre, l'ail et le curcuma, et poursuivez la cuisson 2 minutes. Ajoutez la courge, la pomme de terre, les carottes et le bouillon (ou l'eau). Ajoutez les filaments de safran en les effritant, la cannelle et les raisins secs. Assaisonnez et portez à ébullition.

② parer

Supprimez les feuilles externes coriaces du fenouil. Éliminez l'extrémité sèche des tiges mais conservez les petites fanes. Coupez le bulbe en quartiers. Enlevez presque complètement la partie centrale dure, en veillant à ce que les feuilles ne se séparent pas. Ciselez finement les tiges de coriandre.

③ mijoter/épicer

Au bout de 10 minutes de cuisson, ajoutez le fenouil, les tomates et les tiges de coriandre dans la cocotte. Poursuivez la cuisson 15 minutes, en remuant de temps en temps, jusqu'à ce que les légumes soient bien fondants. Égouttez et rincez les pois chiches, et ajoutez-les 5 minutes avant la fin de la cuisson pour les réchauffer. Prélevez une bonne louche de bouillon auquel vous mélangerez 1 cuillerée à soupe de harissa (ou moins, si vous craignez que le mélange soit trop relevé). Versez la sauce piquante dans un bol chaud et servez-la à part. Hachez grossièrement les feuilles de coriandre et ajoutez-les aux légumes juste avant de servir.

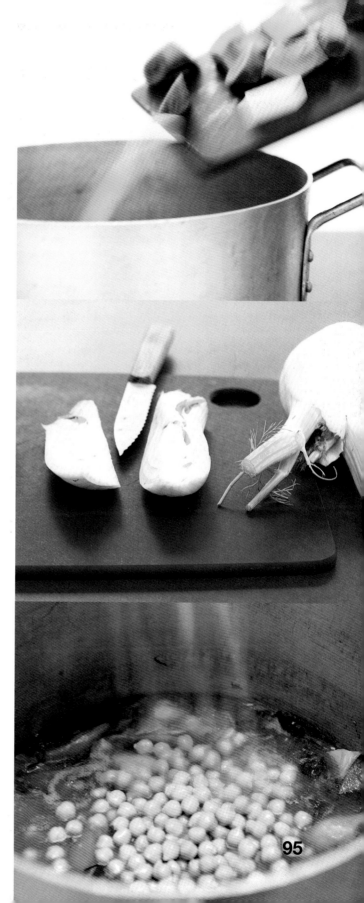

Potage Crécy

TRÈS
FACILE

PRÉPARATION 5 MIN
CUISSON 25 MIN

Matériel
cocotte à fond épais
  avec couvercle
blender ou robot mixeur

Chez le primeur
1 oignon
500 g de carottes
2 petites pommes de terre
quelques brins de ciboulette
  (facultatif), au moment
  de servir

Chez l'épicier
30 g de beurre
sel et poivre
1 l de bouillon de volaille
4 c. à s. de crème fraîche
  + un peu pour décorer

① morceler

Pelez et coupez l'oignon, les carottes et les pommes de terre en menus morceaux. Faites fondre le beurre dans une cocotte à fond épais. Versez l'oignon et les carottes dans la casserole. Remuez pour bien enrober les légumes de beurre. Assaisonnez, ajoutez un filet d'eau et couvrez. Baissez le feu au minimum et laissez les légumes suer pendant environ 15 minutes. Remuez de temps en temps, et rajoutez de l'eau si nécessaire, pour éviter que les légumes se dessèchent ou commencent à brûler.

② réchauffer

Versez le bouillon dans la cocotte et portez à ébullition. Baissez le feu et laissez frémir pendant environ 5 minutes. À ce stade, les carottes sont déjà fondantes et ne nécessitent plus une longue cuisson. Laissez refroidir la soupe.

③ mixer

Mixez la soupe jusqu'à ce qu'elle soit parfaitement lisse (préférez le blender au robot). Incorporez la crème, goûtez et rectifiez l'assaisonnement. Réchauffez la soupe, décorez avec un filet de crème et éventuellement quelques brins de ciboulette, et servez aussitôt.

Purée carottes-poivrons

TRÈS FACILE

PRÉPARATION 5 MIN

CUISSON 30 MIN

Matériel
plaque de cuisson
casserole
passoire
blender ou robot mixeur

Chez le primeur
2 poivrons rouges coupés
en deux et épépinés
475 g de carottes pelées et
coupées en petits morceaux

Chez l'épicier
huile d'olive, pour arroser
1 c. à s. d'huile d'olive
vierge extra
sel et poivre
1 c. à s. de vinaigre de vin
rouge
½ c. à c. de poivre
de Cayenne
15 g de beurre mou
3 c. à s. de crème fraîche

(1) rôtir

Préchauffez le four à 180 °C (th. 6). Posez les poivrons rouges sur une plaque de cuisson, arrosez d'huile d'olive et faites rôtir environ 30 minutes, jusqu'à ce qu'ils soient fondants.

(2) cuire

Pendant ce temps, versez les carottes dans une casserole et recouvrez-les d'eau. Assaisonnez et faites cuire jusqu'à ce qu'elles soient bien tendres. Égouttez en réservant l'eau de cuisson.

(3) réduire en purée

Dans un blender ou un robot, réduisez les poivrons en purée, avec le jus de cuisson. Ajoutez les carottes, l'huile d'olive vierge extra, le vinaigre, le poivre de Cayenne et le beurre. Si la purée est trop épaisse, allongez-la avec un peu d'eau de cuisson des carottes. Incorporez la crème fraîche, goûtez et rectifiez l'assaisonnement.

pommes de terre, tubercules & potiron

FACILE
PRÉPARATION 10 MIN
CUISSON 10 MIN

Frites

Chez le primeur
900 g de pommes de terre
  (type Bintje ou Maris Piper),
  pelées

Chez l'épicier
huile de friture (une huile
  végétale, type arachide
  ou tournesol)
sel

Matériel
passoire
grande marmite à bord
  haut ou friteuse
thermomètre culinaire
écumoire ou panier à
  friture

① préparer

Taillez les pommes de terre en bâtonnets de 1 cm d'épaisseur. Versez les bâtonnets dans un saladier, recouvrez d'eau froide et laissez reposer 30 minutes. Égouttez et séchez parfaitement les bâtonnets avec un torchon de cuisine propre.

② frire

Disposez du papier absorbant sur 3 épaisseurs de papier sulfurisé. Versez l'huile de friture dans une grande marmite, jusqu'au tiers de la hauteur. Faites chauffer l'huile à 130 °C. Plongez la moitié des bâtonnets dans l'huile et laissez-les cuire 5 minutes. Au bout de ce temps de cuisson, les frites doivent être tendres au centre, mais pas dorées. Sortez les frites avec une écumoire et posez-les sur le papier absorbant. Faites cuire le reste de bâtonnets.

③ égoutter

Augmentez la température de l'huile à 190 °C. Plongez les frites en plusieurs fois et faites-les cuire pendant environ 2 minutes jusqu'à ce qu'elles soient dorées et croustillantes, mais toujours fondantes au centre. Laissez s'égoutter l'huile en excès, posez les frites sur du papier absorbant, saupoudrez de sel et servez aussitôt.

103

FACILE

PRÉPARATION 20 MIN · CUISSON 10 MIN

Gnocchis de pommes de terre au gorgonzola et aux épinards

Matériel
cuit-vapeur
presse-purée ou moulin
  à légumes
1 fourchette
3 casseroles

Chez le primeur
1 kg de pommes de terre
  farineuses (type Désirée)
75 g de pousses d'épinards

Chez l'épicier
2 jaunes d'œufs
100 g de farine ordinaire + un
  peu pour fariner les mains
sel et poivre blanc
275 ml de crème fraîche
125 g de gorgonzola morcelé
50 g de beurre
parmesan fraîchement râpé,
  au moment de servir

1 préparer

Faites cuire les pommes de terre à la vapeur jusqu'à ce qu'elles soient tendres. Pelez les pommes de terre et écrasez-les encore chaudes avec un presse-purée ou dans un moulin à légumes.

2 façonner

Ajoutez les jaunes d'œufs et la farine à la purée, assaisonnez généreusement et pétrissez le mélange jusqu'à ce qu'il soit lisse, en farinant bien vos mains. Prélevez des boulettes de purée que vous façonnerez en cylindres d'environ 1,5 cm de diamètre. Coupez ensuite des petits tronçons de 2 cm de long. Roulez ensuite chaque gnocchi sur les dents d'une fourchette, en le faisant rouler avec le pouce, de manière à créer des stries. Ces stries permettent ensuite de mieux « retenir » la sauce ou le beurre.

3 cuire

Préparez la sauce en versant la crème fraîche dans une casserole, avec le gorgonzola. Faites chauffer à feu doux, en remuant, jusqu'à ce que le fromage ait fondu. Couvrez la casserole pour maintenir la sauce au chaud. Faites fondre le beurre dans une autre casserole.
Plongez les gnocchis dans une grande quantité d'eau bouillante et faites-les cuire. Quand ils remontent à la surface, comptez 10 secondes puis sortez-les avec une écumoire. Versez les gnocchis dans un récipient chaud, arrosez-les de beurre fondu puis nappez-les de sauce au gorgonzola. Parsemez le tout de pousses d'épinards et remuez délicatement (les épinards ramolliront au contact des autres ingrédients). Servez aussitôt, avec du parmesan fraîchement râpé.

Purée de topinambours

TRÈS FACILE

PRÉPARATION 5 MIN · CUISSON 20 MIN ·

Matériel
casserole
passoire
blender ou robot mixeur
poêle à frire (facultatif)

Chez le primeur
800 g de topinambours
1 filet de jus de citron
50 g de champignons
  émincés, pour décorer
  (facultatif)

Chez l'épicier
50 ml de bouillon de volaille
  ou d'eau
225 ml de crème fraîche
25 g de beurre
1 pincée de noix de muscade
sel et poivre
15 g de beurre doux, pour
  faire revenir les champignons
  (facultatif)

① préparer

Coupez les topinambours en morceaux. Au fur et à mesure que vous les taillez, plongez les morceaux dans de l'eau citronnée pour empêcher l'oxydation. Versez les artichauts, avec l'eau citronnée, dans une casserole, et portez à ébullition. Baissez le feu et faites cuire jusqu'à ce que les topinambours soient tendres.

② verser

Égouttez les artichauts puis remettez-les dans la casserole. Ajoutez le bouillon (ou l'eau), la crème, 25 g de beurre, la noix de muscade, du sel et du poivre. Portez à ébullition et remuez le tout.

③ réduire en purée

Laissez refroidir légèrement puis réduisez le mélange en purée, dans un blender. Goûtez et rectifiez éventuellement l'assaisonnement. Si la texture ne vous convient pas, ajoutez un peu de crème, de bouillon ou d'eau. Réchauffez la purée avant de la servir.
Pour la garniture : faites chauffer 15 g de beurre doux dans une poêle à frire puis faites-y revenir rapidement les champignons. Déposez les champignons dorés sur la purée.

TRÈS
FACILE

PRÉPARATION 2 MIN

CUISSON 1 H 30

Pommes de terre au four

Chez le primeur
4 grosses pommes de terre
farineuses d'environ 300 g
chacune (type Désirée, Maris
Piper, Bintje ou Manon)

Chez l'épicier
sel et poivre
1 noix de beurre, au moment
de servir

Matériel
petite brosse
papier sulfurisé
fine brochette
couteau bien afûtté

① préparer

Préchauffez le four à 200 °C (th. 6). Lavez et brossez les pommes de terre. Piquez-les avec une fourchette. Quand elles sont encore humides, saupoudrez-les légèrement de sel (cela rendra leur peau croustillante, alors que les emballer dans du papier aluminium ramollirait leur peau).

② vérifier la cuisson

Posez les pommes de terre sur une plaque de cuisson recouverte de papier sulfurisé en veillant à ce qu'elles ne se touchent pas. Enfournez-les pendant environ 1 ½ heure (le temps de cuisson dépend de la taille et du nombre de pommes de terre). Pour vérifier la cuisson, pressez une pomme de terre entre les doigts : elle doit être légèrement souple sous la pression. Vous pouvez aussi enfoncer une brochette jusqu'au cœur d'une des pommes de terre : si elle pénètre facilement, c'est que la pomme de terre est cuite.

③ ouvrir

Faites une entaille en forme de croix dans la peau des pommes de terre, avec un couteau bien affûté, puis pressez-les fermement (en les tenant avec un torchon) pour qu'elles s'ouvrent. Salez, poivrez, et déposez une grosse noix de beurre au milieu.

SUGGESTIONS DE GARNITURES Truite fumée, crème aigre et ciboulette (en haut, au milieu) ; oignons, lardons et gruyère râpé (à gauche) ; oignons caramélisés, champignons sautés et roquefort ; feta morcelée, olives noires et coriandre (à droite).

TRÈS
FACILE

PRÉPARATION 10 MIN
· CUISSON 30 MIN ·

Purée céleri-pomme de terre et oignons de printemps grillés

Matériel
casserole
presse-purée
poêle-gril

Chez le primeur
2 céleris-raves
2 grosses pommes de terre
  farineuses pelées
16 oignons de printemps
  parés

Chez l'épicier
sel et poivre
80 ml de lait entier
50 g de beurre
2 c. à s. de crème aigre
  ou de crème fraîche
1 pincée de noix de muscade
  fraîchement râpée
huile d'olive, pour badigeonner
  les oignons

① préparer

Coupez les céleris-raves et les pommes de terre
en morceaux puis faites-les cuire dans de l'eau
bouillante salée jusqu'à ce qu'ils soient fondants.
Égouttez.

② écraser

Faites chauffer le lait. Écrasez les céleris-raves
et les pommes de terre avec le beurre. Incorporez
le lait chaud et la crème aigre (ou la crème fraîche).
Salez, poivrez et ajoutez la noix de muscade.
Couvrez pour maintenir au chaud.

③ griller

Badigeonnez les oignons de printemps d'huile
d'olive. Faites chauffer une poêle-gril. Lorsqu'elle
est bien chaude, faites-y griller les oignons de
printemps en les retournant. Réduisez le feu et
poursuivez la cuisson jusqu'à ce que les oignons
soient tendres et mous.
Transvasez la purée dans un récipient chaud,
disposez les oignons par-dessus et servez.

Pommes de terre à la turque aux tomates et aux olives noires

PRÉPARATION 15 MIN

TRÈS FACILE

· CUISSON 30 MIN ·

Matériel
casserole

Chez le primeur
1 oignon haché grossièrement
6 gousses d'ail pilées
2 piments rouges coupés
en deux, épépinés et hachés
650 g de pommes de terre
à chair ferme, pelées
et coupées en morceaux
les feuilles de 4 brins d'origan
1 c. à s. de persil ciselé,

Chez l'épicier
4 c. à s. d'huile d'olive
1 c. à c. de cannelle en
poudre
2 x 400 g de tomates
concassées en conserve
2 c. à s. de concentré
de tomate
3 c. à c. de sucre en poudre
le jus d'½ citron

sel et poivre
50 g d'olives noires
250 g de yaourt grec
2 c. à s. d'huile d'olive vierge
extra, au moment de servir

① préparer

Faites chauffer l'huile d'olive dans une casserole et faites-y fondre l'oignon. Ajoutez l'ail, les piments et la cannelle.

② remuer

Laissez cuire quelques minutes puis ajoutez les pommes de terre. Remuez soigneusement pour bien les enduire d'huile et de cannelle. Ajoutez les tomates, le concentré de tomate, le sucre, le jus de citron, 200 ml d'eau et l'origan. Remuez soigneusement et portez à ébullition. Salez poivrez, baissez le feu, et laissez frémir à découvert jusqu'à ce que les pommes de terre soient fondantes et que la sauce soit bien épaisse.

③ parfumer

Ajoutez les olives noires (conservées dans de l'huile d'olive, pas dans de la saumure) environ 4 minutes avant que les pommes de terre soient cuites (il s'agit juste de les réchauffer et de les laisser légèrement parfumer la sauce). Si la sauce n'est pas assez épaisse, augmentez le feu pour laisser s'évaporer un peu de liquide. Si au contraire, elle est trop épaisse, allongez-la avec un filet d'eau. Goûtez et rectifiez éventuellement l'assaisonnement. Déposez du yaourt grec sur le tout, parsemez de persil (facultatif) et arrosez avec un filet d'huile d'olive vierge extra.

Tomates et potiron rôtis, salsa aux olives, à la menthe et à la feta

TRÈS FACILE

PRÉPARATION 15 MIN · CUISSON 40 MIN

Matériel
couteau bien affûté
plat à rôtir
bol

Chez le primeur
1,7 kg de potiron
400 g de tomates cerises
(en grappe, si possible)
3 piments rouges coupés
en deux, épépinés
et émincés finement
6 gousses d'ail pelées
et émincées très finement

Chez l'épicier
sel et poivre
5 c. à s. d'huile d'olive,
pour arroser les légumes

Salsa
175 g d'olives vertes
les feuilles de 4 brins de
menthe + quelques feuilles
au moment de servir
85 g de feta morcelée
3 c. à s. d'huile d'olive
vierge extra
le jus d'½ citron

① peler

Préchauffez le four à 190 °C (th. 6). Coupez le potiron en quartiers. Retirez l'écorce, les graines et la partie fibreuse. Posez les morceaux de potiron dans un plat à rôtir, en une seule couche, et en veillant à ce qu'il y ait encore de la place pour les tomates, plus tard. Salez, poivrez et arrosez d'huile d'olive. Retournez les morceaux avec les doigts pour qu'ils soient bien enrobés d'huile. Faites rôtir 20 minutes au four.

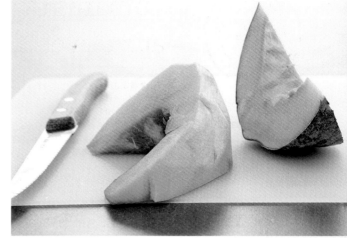

② hacher

Préparez la salsa : dénoyautez les olives puis hachez-les finement. Déchiquetez les feuilles de menthe. Mélangez les olives et la menthe dans un bol, avec la feta, l'huile d'olive vierge extra et le jus de citron.

③ rôtir

Sortez le plat du four et ajoutez les tomates, les piments et l'ail. Remuez le tout pour répartir les parfums et enrober les tomates d'huile. Remettez le plat au four et faites cuire encore 15 à 20 minutes, jusqu'à ce que les tomates et le potiron soient fondants et légèrement roussis par endroits.
Versez une partie de la salsa sur les légumes, parsemez de feuilles de menthe et servez.

Potiron rôti à l'ail et au thym

PRÉPARATION 15 MIN

TRÈS FACILE

CUISSON 40 MIN

Matériel
poêle
plat à rôtir

Chez le primeur
1 kg de potiron ou de courge
environ 12 brins de thym
6 gousses d'ail pelées
  et émincées finement

Chez l'épicier
4 c. à s. d'huile d'olive
25 g de beurre doux
sel et poivre

① préparer

Coupez le potiron en deux puis retirez les graines et la partie fibreuse. Taillez des quartiers d'environ 2,5 cm de large. Si vous utilisez une courge butternut un peu allongée, vous pouvez la couper en deux horizontalement, puis en deux dans la longueur avant de la tailler en quartiers, sinon les tranches seront très longues. Inutile d'enlever l'écorce (les convives s'en chargeront dans l'assiette).

② faire fondre

Faites chauffer l'huile d'olive et le beurre dans une poêle. Disposez les morceaux de potiron (ou de courge) dans un plat à rôtir, avec les brins de thym. Arrosez avec l'huile et le beurre fondu. Remuez le tout avec les doigts pour bien enrober le potiron. Salez et poivrez.

③ rôtir

Préchauffez le four à 190 °C (th. 6). Enfournez le potiron pendant 35 minutes, jusqu'à ce qu'il soit bien fondant et légèrement caramélisé. Arrosez de temps en temps les quartiers avec le jus de cuisson. Parsemez d'ail 10 minutes avant la fin de la cuisson. Servez aussitôt.

Purée de patates douces aux oignons frits épicés

PRÉPARATION 10 MIN

TRÈS FACILE

CUISSON 50 MIN-1 H 10

Matériel
plaque de cuisson
grande poêle à frire
bol chaud
presse-purée

Chez le primeur
3 grosses patates douces
  (environ 1 kg au total)
2 gros oignons pelés
  et émincés très finement
1 piment rouge coupé
  en deux, épépiné et émincé
  finement
le jus d'½ citron

Chez l'épicier
2 c. à s. d'huile de tournesol
sel et poivre
¼ c. à c. de cannelle
  en poudre
50 g de beurre
½ c. à s. de moutarde
  à l'ancienne

118

1 cuire au four

Préchauffez le four à 190 °C (th. 6). Posez les patates sur une plaque de cuisson en métal et enfournez jusqu'à ce qu'elles soient tendres. Comptez entre 40 minutes et 1 heure de cuisson (si les patates sont particulièrement grosses).

2 frire

Quand les patates sont presque prêtes, préparez les oignons. Faites chauffer l'huile dans une grande poêle à frire. Quand l'huile est bien chaude, faites-y revenir les oignons jusqu'à ce qu'ils soient dorés et presque secs. Salez-les seulement en toute fin de cuisson, sans quoi ils perdraient de l'eau et sueraient plutôt qu'ils ne friraient. Poivrez généreusement. Au final, vous devez obtenir un bel enchevêtrement de lamelles d'oignons bien dorées. Deux minutes avant la fin de la cuisson, ajoutez la cannelle et le piment.

3 écraser

Sortez les patates du four et pelez-les en utilisant une fourchette et un couteau pour ne pas vous brûler. Mettez la chair dans un bol chaud au fur et à mesure puis écrasez-la en lui incorporant le beurre, la moutarde, du sel, du poivre et du jus de citron à volonté.
Déposez les oignons frits sur la purée et servez aussitôt.

FACILE

PRÉPARATION 15 MIN

CUISSON 45-55 MIN

Gratin dauphinois

Matériel
mandoline
petite et grande
    casserole
plat à gratin

Chez le primeur
1 kg de pommes de terre
    pelées
2 gousses d'ail pelées
    et émincées très finement

Chez l'épicier
500 ml de crème fraîche
85 ml de lait entier
sel et poivre
15 g de beurre, pour graisser
    le plat

① trancher

Commencez par tailler les pommes de terre en tranches très fines, de préférence avec une mandoline.

② verser

Dans une petite casserole, mélangez la crème fraîche et le lait. Faites chauffer jusqu'aux premiers frémissements. Mettez les lamelles de pommes de terre et l'ail dans une grande casserole puis arrosez-les avec le mélange crème-lait frémissant. Faites cuire 5 minutes à feu doux. Assaisonnez généreusement.

③ enfourner

Préchauffez le four à 180 °C (th. 6). Beurrez un plat à gratin. Versez les pommes de terre et le liquide dans le plat. Vous pouvez éventuellement ranger les tranches de pommes de terre en les alignant soigneusement. Faites cuire 35 à 45 minutes au four, jusqu'à ce que les pommes de terre soient parfaitement fondantes. Vous devrez peut-être recouvrir le plat à mi-cuisson avec une feuille de papier aluminium pour que le dessus ne brûle pas. Servez dès la sortie du four.

légumes
méditerranéens

Ratatouille

PRÉPARATION 10 MIN
FACILE
CUISSON 55 MIN

Matériel
casserole
cocotte à fond épais

Chez le primeur
500 g de tomates
   (type olivettes)
1 grosse aubergine
1 gros oignon
1 poivron rouge
1 poivron jaune
250 g de courgettes
4 gousses d'ail pelées
   et hachées
1 bon filet de jus de citron

Chez l'épicier
8 c. à s. d'huile d'olive
2 c. à c. de sucre en poudre
sel et poivre
les feuilles d'un petit bouquet
   de basilic, froissées

① peler

Préparez les légumes. Mettez les tomates dans un récipient résistant à la chaleur. Recouvrez-les d'eau bouillante et laissez reposer 20 secondes. Passez les tomates sous l'eau froide et pelez-les. Coupez-les en quatre, retirez les graines, puis taillez-les en morceaux.

② trancher

Taillez l'aubergine en tranche de 1,5 cm puis coupez chaque tranche en quatre. Émincez l'oignon. Coupez les poivrons en deux, épépinez-les puis taillez-les en lanières. Coupez les courgettes en tranches d'environ ½ cm d'épaisseur.
Faites chauffer la moitié de l'huile d'olive dans une cocotte à fond épais. Faites-y fondre l'oignon à feu moyen, pendant environ 15 minutes, en remuant de temps en temps.

③ remuer

Ajoutez l'aubergine, les poivrons et le reste d'huile d'olive dans la cocotte. Réduisez le feu, arrosez avec un filet d'eau, couvrez et laissez cuire 15 minutes à feu doux, en remuant de temps en temps. Ajoutez les tomates, les courgettes, l'ail, le citron et le sucre, et assaisonnez généreusement. Remuez soigneusement et faites cuire à découvert et à feu doux pendant 35 à 40 minutes, jusqu'à ce que les tomates soient en purée et que les autres légumes soient fondants mais toujours reconnaissables. Vous devrez remuer souvent et veiller à ce que la préparation ne devienne pas trop sèche. Si tel est le cas, ajoutez un peu d'eau, mais pas trop car, au final, la ratatouille doit être relativement épaisse. Goûtez et rectifiez éventuellement l'assaisonnement. Ajoutez le basilic et servez.

FACILE

PRÉPARATION 10 MIN

CUISSON 1 H 15

Soupe à l'oignon

Chez le primeur
1 kg d'oignons
les feuilles de 3 brins de thym

Chez l'épicier
75 g de beurre doux
sel
½ c. à s. de sucre en poudre
(facultatif)
1 l de bouillon de volaille
ou de bœuf

Pour accompagner
4 tranches de baguette grillées
150 g de gruyère râpé

Matériel
cocotte à fond épais
louche
4 bols résistant au four

① trancher

Pelez les oignons et taillez-les en tranches fines.
Faites fondre le beurre dans une cocotte à fond
épais. Versez les oignons dans la cocotte et faites-les
revenir quelques instants jusqu'à ce qu'ils commencent
à fondre. Ajoutez un filet d'eau, un peu de sel,
couvrez et laissez-les suer jusqu'à ce qu'ils soient
parfaitement moelleux et dorés. Comptez jusqu'à
50 minutes pour cuire les oignons. Ajoutez de
temps en temps de l'eau si nécessaire, et remuez
occasionnellement.

② mijoter

Quand les oignons sont prêts, retirez le couvercle
et augmentez le feu pour laisser s'évaporer le liquide
et permettre aux oignons de caraméliser. Vous
pouvez ajouter un peu de sucre si les oignons ne
caramélisent pas assez à votre goût. Ajoutez ensuite
le bouillon et le thym, et portez à ébullition. Réduisez
le feu et laissez frémir 15 minutes.

③ répartir

Répartissez la soupe dans des bols capables
de résister au four. Posez une tranche de baguette
grillée sur la soupe puis parsemez de fromage râpé.
Glissez les bols sous le gril d'un four préchauffé
et laissez griller jusqu'à ce que le dessus soit gratiné.
Servez aussitôt.

Insalata tricolore

TRÈS FACILE

PRÉPARATION 5 MIN

Matériel
passoire
bol

Chez le primeur
300 g de tomates cerises
    en grappe
2 avocats mûrs à point
les feuilles d'1 petit bouquet
    de basilic frais

Chez l'épicier
700 g de mozzarella
    de bufflonne de qualité
sel et poivre
vinaigre balsamique blanc,
    pour arroser
huile d'olive vierge extra,
    pour arroser

① diviser

Divisez les grappes de tomates en grappes plus petites.

② égoutter

Égouttez la mozzarella et morcelez-la.

③ trancher

Coupez les avocats en deux et dénoyautez-les. Coupez chaque moitié en tranches régulières. Pelez chaque tranche.
Disposez les tomates, l'avocat et la mozzarella sur 4 assiettes. Assaisonnez, parsemez de basilic, et arrosez avec un filet de vinaigre balsamique et d'huile d'olive vierge extra. Servez aussitôt.

FACILE

PRÉPARATION 10 MIN · CUISSON 40-45 MIN ·

Tian de courgettes

Matériel
sauteuse
bol
plat à gratin

Chez le primeur
2 aubergines
1 gros oignon pelé et haché
   grossièrement
3 gousses d'ail émincées
6 tomates coupées en petits
   morceaux
3 grosses courgettes (environ
   600 g en tout), taillées
   en tranches de 1 cm
   d'épaisseur
les feuilles de 5 brins d'origan
   ou de thym

Chez l'épicier
5 c. à s. d'huile d'olive
   + un filet pour arroser
2 c. à c. de sucre en poudre
sel et poivre

① couper en dés

Taillez les aubergines en petits dés d'environ
1,5 cm. Faites chauffer 2 cuillerées à soupe d'huile
d'olive dans une sauteuse puis faites-y revenir
les aubergines en plusieurs fois, à feu moyen,
en ajoutant de l'huile si nécessaire. Faites cuire
les aubergines jusqu'à ce qu'elles soient dorées
et moelleuses. Transvasez-les dans un bol
et réservez.

② faire sauter

Remettez éventuellement un peu d'huile dans
la sauteuse. Faites-y revenir l'oignon à feu moyen
jusqu'à ce qu'il soit fondant et doré. Ajoutez l'ail,
les tomates et encore 1 cuillerée à soupe d'huile.
Laissez cuire à feu moyen jusqu'à ce que les
légumes soient moelleux. Versez les aubergines
dans la sauteuse et mélangez. Ajoutez le sucre
et assaisonnez généreusement.

③ enfourner

Préchauffez le four à 200 °C (th. 6). Étalez
la préparation aux tomates et aux aubergines
dans le fond d'un plat à gratin. Alignez
les courgettes par-dessus, en les faisant
se chevaucher Assaisonnez, ajoutez les deux
tiers de l'origan (ou du thym) et arrosez avec l'huile
d'olive. Enfournez et laissez cuire 30 à 40 minutes,
jusqu'à ce que les courgettes soient fondantes
et dorées. Parsemez avec le reste d'origan
et servez.

PRÉPARATION 10 MIN
TRÈS FACILE
· CUISSON 0 MIN ·

Salade grecque

Matériel
couteau-éplucheur
fouet

Chez le primeur
1 concombre
6 tomates parfumées
1 romaine
3 c. à s. de jus de citron
½ oignon rouge pelé
  et émincé très finement
1 petite poignée de feuilles
  de menthe, froissées
les feuilles de 4 brins d'origan

Chez l'épicier
80 ml d'huile d'olive
  vierge extra
sel et poivre
150 g de feta morcelée
50 g d'olives noires de qualité,
  conservées dans de l'huile
  d'olive (de préférence
  des olives de Kalamata)

① peler

Pelez le concombre et taillez-le en petits dés.
Coupez les tomates en menus morceaux.

② déchiqueter

Déchiquetez la romaine, en supprimant
les parties dures.

③ fouetter

Fouettez ensemble l'huile d'olive et le jus
de citron. Assaisonnez. Mélangez le concombre,
les tomates, la romaine, l'oignon, la menthe,
l'origan, la feta, les olives et la sauce (dosez
la sauce à votre convenance). Veillez à remuer
les ingrédients délicatement pour que les morceaux
de feta ne s'écrasent pas.

Caponata courge-aubergine

PRÉPARATION 15 MIN

FACILE

CUISSON 20 MIN

Matériel

sauteuse à fond épais
avec couvercle
écumoire

Chez le primeur

1 grosse aubergine taillée
en dés d'environ 2,5 cm.
400 g de courge (style courge
butternut) pelée, épépinée
et coupée en cubes
d'environ 2,5 cm
2 branches de céleri taillées
en petits morceaux

1 oignon moyen émincé
finement
1 piment rouge coupé en
deux, épépiné et émincé
finement
4 gousses d'ail émincées
2 c. à c. de jus de citron
4 c. à s. de persil ciselé

Chez l'épicier

100 ml d'huile d'olive
400 g de tomates en conserve
2 c. à s. de vinaigre de vin
rouge
30 g de câpres
50 g d'olives vertes
dénoyautées et coupées
en deux
3 c. à c. de sucre en poudre
sel et poivre
huile d'olive vierge extra,
au moment de servir

① faire revenir

Faites chauffer la moitié de l'huile d'olive dans une grande sauteuse à fond épais. Faites-y revenir les dés d'aubergine et de courge en plusieurs fois, jusqu'à ce qu'ils soient bien dorés. Transvasez les légumes dans un récipient avec une écumoire.

② faire sauter

Remettez éventuellement un peu d'huile dans la sauteuse puis faites-y revenir le céleri et l'oignon. Lorsqu'ils sont légèrement dorés, ajoutez le piment et l'ail, et poursuivez la cuisson 2 minutes. Ajoutez les tomates et le vinaigre, remuez et augmentez le feu. Quand le mélange frémit, laissez cuire encore 10 minutes à feu doux.

③ mélanger

Remettez les dés d'aubergine et de courge dans la sauteuse, avec les câpres, les olives, le sucre, du sel et du poivre. Ajoutez 50 ml d'eau et portez à ébullition. Réduisez le feu, couvrez et laissez frémir 15 minutes, jusqu'à ce que les dés de courge soient moelleux et que le mélange soit relativement épais. Si la préparation n'est pas assez épaisse, faites-la bouillir quelques instants pour favoriser l'évaporation. Laissez la caponata refroidir jusqu'à température ambiante. Ajoutez le jus de citron et le persil, goûtez et rectifiez éventuellement l'assaisonnement. Arrosez avec un filet d'huile d'olive vierge extra (facultatif) et servez.

FACILE

PRÉPARATION 10 MIN · CUISSON 15 MIN ·

Courgettes et aubergines grillées à la mozzarella

Matériel
pinceau de cuisine
poêle-gril
zesteur

Chez le primeur
600 g de courgettes vertes
  et jaunes
600 g d'aubergines
le jus et le zeste d'1 citron
les feuilles d'1 bouquet
  de basilic, légèrement
  froissées (facultatif)

Chez l'épicier
huile d'olive pour badigeonner
  les légumes
sel et poivre
300 g de mozzarella
  de bufflonne, égouttée
  et morcelée
huile d'olive vierge extra,
  pour arroser
35 g de parmesan en copeaux

① badigeonner

Supprimez les extrémités des courgettes puis coupez-les dans la longueur, en tranches d'environ 3 mm d'épaisseur. Répétez l'opération avec les aubergines. Badigeonnez les tranches d'huile d'olive, sur les deux faces.

② griller

Faites chauffer une poêle-gril puis faites-y griller les tranches de courgettes jusqu'à ce qu'elles soient dorées et relativement moelleuses. Procédez de même avec les aubergines, en veillant à ce qu'elles soient dorées des deux côtés. Baissez le feu et laissez cuire les aubergines jusqu'à ce qu'elles soient fondantes. Assaisonnez les légumes pendant qu'ils cuisent.

③ dresser

Répartissez les légumes et la mozzarella sur 4 assiettes. Arrosez avec le jus de citron, parsemez de zeste et de basilic (facultatif), et arrosez avec l'huile d'olive. Finissez avec des copeaux de parmesan et un filet d'huile d'olive vierge extra.

TRÈS
FACILE

PRÉPARATION 5 MIN

CUISSON 45 MIN

Poivrons à la piémontaise

Matériel
plat à rôtir

Chez le primeur
4 poivrons rouges
8 gousses d'ail pelées
24 tomates cerises
quelques brins de basilic,
  au moment de servir

Chez l'épicier
16 filets d'anchois en saumure
sel et poivre
60 ml d'huile d'olive
4 c. à s. de vinaigre
  balsamique

① couper

Coupez les poivrons en deux et épépinez-les (essayez de conserver la tige). Placez-les ensuite dans un plat à rôtir.

② émincer

Émincez l'ail et les filets d'anchois. Répartissez ce mélange dans les moitiés de poivrons. Répartissez les tomates cerises dans les poivrons également. Piquez les tomates avec une fourchette. Assaisonnez.

③ enfourner

Préchauffez le four à 180 °C (th. 6). Arrosez les poivrons avec l'huile d'olive et le vinaigre et faites cuire 45 minutes au four jusqu'à ce que les poivrons soient parfaitement fondants et légèrement roussis sur les bords.
Servez ces poivrons chauds ou à température ambiante, parsemés de petits brins de basilic.

PRÉPARATION 10 MIN

TRÈS FACILE

CUISSON 40 MIN

Matériel
grand plat à rôtir

Légumes rôtis à la harissa, aux olives noires et au citron confit

Chez le primeur
400 g de pommes de terre
   à chair ferme
2 courgettes
2 aubergines
2 poivrons rouges
1 oignon rouge pelé
les feuilles de 6 brins de thym
5 c. à s. de persil plat haché
   grossièrement

Chez l'épicier
½ citron confit maison
   (ou 1 citron confit entier
   du commerce)
2 c. à s. de pâte de harissa
2 c. à s. du liquide de
   macération des citrons
   confits
6 c. à s. d'huile d'olive
sel et poivre
3 c. à s. d'olives noires

① parer

Coupez les pommes de terre en morceaux de la taille d'une noix, sans les peler. Taillez les courgettes en tranches d'environ 1,5 cm d'épaisseur, et les aubergines, en tranches de 2 cm d'épaisseur (coupez les plus grandes tranches en quatre). Coupez les poivrons en deux et épépinez-les. Taillez-les en larges lanières. Coupez l'oignon en deux puis taillez chaque moitié en quartiers d'environ 2 cm dans la partie la plus large. Disposez tous les légumes dans un grand plat à rôtir, en une seule couche.

② préparer la sauce

Préchauffez le four à 190 °C (th. 6). Ajoutez le thym dans le plat à rôtir, ainsi que la moitié du persil, la pulpe hachée du citron confit (sans l'écorce), la harissa, le liquide de macération des citrons, l'huile d'olive, du sel et du poivre. Remuez le tout de manière à ce que les légumes soient bien enrobés. Enfournez pendant 30 à 40 minutes, jusqu'à ce que les légumes soient fondants et légèrement roussis par endroits. Remuez plusieurs fois la préparation pendant la cuisson.

③ émincer

Quand les légumes sont presque cuits, parsemez-les d'olives et remettez-les quelques instants au four. Au moment de servir, émincez finement l'écorce de citron confit. Parsemez les légumes avec les languettes d'écorce et le reste de persil.

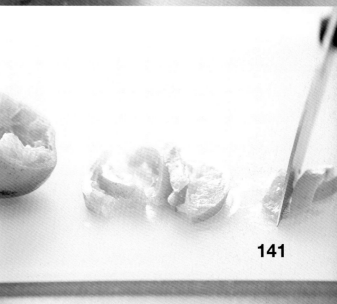

141

Moussaka

PRÉPARATION 20 MIN

DIFFICILE

CUISSON 1 H 30

Matériel
poêle-gril ou poêle à frire
plat à gratin

Chez le boucher
500 g d'agneau haché

Chez le primeur
1 oignon pelé et haché
  finement
3 gousses d'ail pilées
4 tomates coupées
  en morceaux
1 grosse pomme de terre
  pelée
1 grosse aubergine

Chez l'épicier
2 ½ c. à s. d'huile d'olive
150 ml de vin blanc
150 ml de bouillon d'agneau
  ou d'eau
¼ c. à c. de noix de muscade
  fraîchement râpée
½ c. à c. d'origan séché
sel et poivre
25 g de beurre
25 g de farine ordinaire
1 feuille de laurier

350 ml de lait
1 jaune d'œuf
55 g de parmesan râpé

Pour accompagner
salade de roquette

① cuire

Faites chauffer 1 cuillerée à soupe d'huile d'olive dans une poêle. Faites-y revenir la viande puis transvasez-la dans un bol. Faites s'écouler une partie de la matière grasse pour ne garder dans la poêle que l'équivalent de ½ cuillerée à soupe d'huile. Faites-y dorer l'oignon environ 5 minutes. Ajoutez l'ail et poursuivez la cuisson 2 minutes, puis remettez la viande dans la poêle. Ajoutez les tomates, le vin, le bouillon (ou l'eau), la noix de muscade, l'origan, du sel et du poivre. Portez à ébullition puis baissez le feu et laissez mijoter environ 30 minutes pour que le mélange épaississe.

② frire

Préchauffez le four à 180 °C (th. 6). Faites cuire la pomme de terre dans de l'eau bouillante salée jusqu'à ce qu'elle soit juste tendre. Laissez refroidir puis coupez-la en tranches d'environ 3 mm d'épaisseur. Taillez l'aubergine en tranches d'environ 5 mm d'épaisseur. Badigeonnez-les d'huile d'olive (1 ½ cuillerées à soupe) puis faites-les cuire dans une poêle-gril ou dans une poêle à frire jusqu'à ce qu'elles soient bien dorées sur les deux faces. Ajoutez de l'huile si nécessaire. Posez les tranches d'aubergine sur du papier absorbant.

③ enfourner

Posez les tranches d'aubergine dans le fond d'un plat à gratin. Assaisonnez. Étalez la moitié de la viande par-dessus, puis la moitié des tranches de pomme de terre. Faites fondre le beurre dans une petite casserole. Ajoutez la farine et le laurier, et remuez. Quand le mélange paraît sec, versez progressivement le lait, en remuant soigneusement jusqu'à obtention d'une sauce parfaitement lisse. Quand tout le lait a été ajouté, augmentez le feu et faites bouillir le mélange en remuant constamment. Assaisonnez généreusement, réduisez le feu et laissez mijoter 5 minutes. Retirez la feuille de laurier. Hors du feu, incorporez un jaune d'œuf et la moitié du parmesan. Enfournez et laissez cuire 40 minutes, jusqu'à ce que la moussaka soit brûlante et bien dorée.

143

PRÉPARATION 10 MIN

TRÈS FACILE

CUISSON 10 MIN

Matériel
saladier
poêle à frire

Panzanella

Chez le primeur
350 g de tomates parfumées
(variez les couleurs et
les variétés, mélangez
tomates cerises et tomates
classiques)
½ concombre pelé
½ poivron rouge épépiné
4 oignons de printemps parés
1 piment rouge coupé en
deux, épépiné et haché
finement

3 gousses d'ail pelées
et hachées finement
1 petite poignée de feuilles
de basilic, froissées

Chez l'épicier
1 c. à s. de câpres rincées
sel et poivre

Chez le boulanger
250 g de pain de campagne
(si possible sans sel)
3 c. à s. d'huile d'olive
3 filets d'anchois hachés
finement
2 c. à s. de vinaigre de vin
blanc
12 c. à s. d'huile d'olive
vierge extra

① hacher

Taillez les tomates en petits dés, en jetant les graines
(ne cherchez pas à enlever toutes les graines).
Coupez le concombre et le poivron en petits dés
également, et hachez les oignons de printemps.
Mélangez tous ces ingrédients dans un saladier,
avec les câpres et un peu de poivre noir. (Attendez
avant de saler, car les câpres, le vinaigre et les
anchois sont déjà salés).

② faire revenir

Morcelez le pain et faites chauffer l'huile d'olive
(attention, il ne s'agit pas des 12 cuillerées d'huile
d'olive vierge extra). Faites dorer les morceaux
de pain à feu moyen. Ajoutez le piment et l'ail
(ajoutez éventuellement un peu d'huile si le pain
a tout absorbé), et poursuivez la cuisson 2 minutes.

③ assaisoner

Versez le contenu de la poêle dans le saladier.
Ajoutez le basilic, les anchois, le vinaigre et l'huile
d'olive vierge extra. Goûtez et rectifiez éventuellement
l'assaisonnement (ajoutez un peu d'huile et de
vinaigre si nécessaire).
Vous pouvez servir la panzanella aussitôt, tandis
que les petits morceaux de pains sont encore
croustillants, ou attendre 1 ou 2 heures que le
pain ramollisse.

145

TRÈS
FACILE

PRÉPARATION 10 MIN

CUISSON 0 MIN

Gaspacho

Matériel
blender ou robot mixeur
tamis

Chez le primeur
1 kg de tomates
très parfumées
300 g de concombre pelé
1 poivron rouge moyen, coupé
en deux et épépiné
4 oignons de printemps parés
2 grosses gousses d'ail pelées

Chez l'épicier
150 ml d'huile d'olive
vierge extra
1 ½ c. à s. de vinaigre
de Xérès
2 c. à c. de sucre en poudre
sel et poivre

Garniture
½ concombre pelé et coupé
en petits dés
½ poivron rouge épépiné
et coupé en petits dés
2 oignons de printemps parés
et émincés finement
2 œufs durs coupés
en morceaux
1 bon filet d'huile d'olive
vierge extra

① hacher

Taillez en morceaux grossiers tous les légumes
qui constitueront la base du gaspacho, c'est-à-dire
les tomates, les 300 g de concombre et le poivron
rouge. Hachez les oignons de printemps et émincez
finement l'ail.

② mixer

Mixez les légumes dans un blender, en plusieurs fois,
avec l'ail, l'huile d'olive, le vinaigre de Xérès, le sucre,
du sel et du poivre. Mixez jusqu'à obtention d'un
mélange lisse.

③ passer au tamis

Passez ensuite la purée de légume au tamis,
au-dessus d'un saladier. Goûtez et rectifiez
éventuellement l'assaisonnement, puis placez
le saladier au réfrigérateur.
Vous pouvez servir cette soupe avec quelques
glaçons et un filet d'huile d'olive, ou préparer une
garniture de concombre, de poivron et d'oignons
de printemps taillés en petits dés. Servez la soupe
très froide et déposez en surface les petits dés de
légumes, les œufs durs, et un généreux filet d'huile
d'olive vierge extra.

Tarte tatin à l'oignon rouge

PRÉPARATION 15 MIN
FACILE
· CUISSON 30 MIN ·

Matériel
poêlon résistant au four
   ou sauteuse
couvercle de casserole
rouleau à pâtisserie

Chez le primeur
1 kg d'oignons rouges pelés
   et coupés en tranches
   d'environ 2 cm d'épaisseur
les feuilles d'environ 5 brins de
   thym + 2 brins au moment
   de servir (facultatif)

Chez l'épicier
50 g de beurre doux
2 c. à s. d'huile d'olive
1 c. à s. de cassonade
400 g de pâte feuilletée
farine, pour fariner le plan
   de travail
150 ml de vin rouge

1 ½ c. à s. de vinaigre de vin
sel et poivre
100 g de fromage de chèvre
   morcelé (facultatif)
huile d'olive vierge extra,
   pour arroser

Pour accompagner
une salade verte, sauce légère

148

1 caraméliser

Faites chauffer le beurre et l'huile d'olive dans une grande poêle ou une sauteuse pouvant résister au four (de préférence une sauteuse en fonte de 30 cm de diamètre). Saupoudrez le beurre fondu de sucre en poudre puis disposez les oignons dans le récipient. Faites cuire 15 minutes, en veillant à ce que les tranches d'oignons ne se décomposent pas. Réglez le feu sur moyen et retournez de temps en temps les tranches, très délicatement. Quand les oignons sont moelleux et qu'ils commencent à caraméliser, arrêtez la cuisson.

2 étaler

Abaissez la pâte au rouleau sur un plan de travail légèrement fariné. Vous aurez besoin d'un disque de pâte à peine plus grand que le récipient de cuisson. Utilisez éventuellement un couvercle de casserole comme gabarit. Piquez le disque avec une fourchette.

3 cuire

Préchauffez le four à 220 °C (th. 7). Versez le vin et le vinaigre sur les oignons, parsemez de thym, de sel et de poivre, et faites bouillir jusqu'à évaporation presque complète de tout le liquide. Posez la pâte par-dessus le tout, en la poussant le long des bords du récipient. Enfournez et faites cuire 15 minutes. Glissez une lame de couteau entre les bords de la sauteuse et la tarte, puis retournez la sauteuse sur une grande assiette. Normalement, si les oignons n'ont pas brûlé par endroits, ils doivent se détacher facilement. Si toutefois une tranche restait collée à la sauteuse, détachez-la avec un couteau et remettez-la à sa place. Parsemez la tarte de fromage de chèvre morcelé et de thym (facultatif) ou arrosez simplement avec un filet d'huile d'olive et servez.

Pizza margherita

FACILE

PRÉPARATION 20 MIN · CUISSON 20-22 MIN · REPOS 2 H ·

Matériel
2 pierres à pizzas ou
  2 grandes plaques
  de cuisson
cocotte
rouleau à pâtisserie

Chez l'épicier
5 g de levure sèche
250 g de farine à pain
250 g de farine ordinaire
1 ½ c. à c. de sel + une pincée
  pour la garniture
1 trait d'huile d'olive pour
  la pâte + 3 c. à s. pour
  la garniture + 1 filet pour
  arroser
2 x 400 g de tomates en
  conserve (dans un jus épais)

1 c. à s. de concentré
  de tomate
2 c. à c. de sucre
1 c. à c. d'origan séché
sel et poivre
farine, semoule ou polenta,
  pour saupoudrer la pierre
  à pizza
700 g de mozzarella égouttée
  et coupée en tranches

① couvrir

Délayez la levure dans 1 ½ cuillerée à soupe d'eau tiède. Incorporez 2 cuillerées à soupe de farine. Remuez bien jusqu'à obtention d'une pâte lisse et laissez lever 30 minutes dans un endroit chaud. Versez la farine à pain et la farine ordinaire dans un saladier et faites un puits au centre. Versez la levure dans le puits, avec du sel, un trait d'huile d'olive et 330 ml d'eau tiède. Pétrissez la pâte 10 minutes sur un plan de travail. Posez le pâton dans un récipient, déposez un torchon par-dessus et laissez reposer dans un endroit chaud pendant 1 ½ heure.

② mijoter

Préchauffez le four à 230 °C (th. 8). Faites chauffer deux pierres à pizzas (ou deux grandes plaques de cuisson) dans le four pendant 40 minutes. Pendant ce temps, préparez la garniture. Faites chauffer 3 cuillerées à soupe d'huile d'olive dans une cocotte et faites-y revenir l'oignon jusqu'à ce qu'il soit translucide. Ajoutez l'ail, les tomates, le concentré de tomate, le sucre, l'origan, du sel et du poivre. Portez à ébullition puis réduisez le feu et laissez mijoter jusqu'à épaississement (comptez environ 20 minutes). Goûtez et rectifiez éventuellement l'assaisonnement.

③ garnir

Posez la pâte sur un plan de travail légèrement fariné. Pétrissez-la pendant quelques minutes. Partagez la pâte en deux et abaissez chaque pâton au rouleau de manière à obtenir 2 disques d'environ 30 cm de diamètre. Sortez les pierres (ou les plaques) du four sans vous brûler et saupoudrez-les de farine, de semoule ou de polenta pour éviter que la pâte n'adhère. Posez les disques de pâte sur les pierres et nappez-les de sauce, jusqu'à 2 cm des bords. Répartissez les tranches de mozzarella sur la sauce, poivrez et arrosez avec un filet d'huile d'olive. Ajoutez un peu d'origan selon votre goût. Glissez les pierres dans le four et faites cuire 10 à 12 minutes jusqu'à ce que la garniture soit dorée et que la pâte en dessous semble cuite et croustillante. Servez aussitôt.

151

Artichauts vinaigrette

PRÉPARATION 5 MIN

TRÈS FACILE

CUISSON 45 MIN

Matériel
fouet
casserole
passoire

Chez le primeur
4 artichauts
le jus d'1 citron

Chez l'épicier
sel et poivre
1 c. à s. d'huile d'olive

Vinaigrette
½ c. à c. de moutarde
  de Dijon
sel et poivre
1 ¾ c. à s. de vinaigre
  de vin blanc
8 c. à s. d'huile d'olive vierge
  extra (choisissez
  une huile bien fruitée)
1 pincée de sucre (facultatif)

(1) parer

Cassez la queue des artichauts. Parez les feuilles
des deux premières rangées en coupant la partie
supérieure. Supprimez les feuilles les plus dures
ou abîmées.

(2) égoutter

Faites cuire les artichauts dans de l'eau bouillante
salée, avec le jus d'un citron et 1 cuillerée à
soupe d'huile d'olive pendant 45 minutes. Ils sont
cuits lorsqu'une des feuilles internes se détache
facilement. Égouttez les artichauts tête en bas.

(3) fouetter

Préparez la vinaigrette en fouettant ensemble tous
les ingrédients.
Servez un artichaut par personne avec, à part,
la vinaigrette, du sel et du poivre.

Petits farcis

FACILE

Matériel
poêle à frire
plat à rôtir

Chez le primeur
4 courgettes rondes
4 grosses tomates parfumées
4 petites aubergines
   ou 2 moyennes

Chez l'épicier
2 c. à s. d'huile d'olive,
   pour arroser
huile d'olive vierge extra,
   au moment de servir

Farce
4 c. à s. d'huile d'olive
1 petit oignon pelé et haché
   très finement
4 gousses d'ail hachées
135 g de chapelure
125 g de fromage de chèvre
   frais morcelé
50 g de parmesan fraîchement
   râpé
2 c. à s. de persil plat ciselé
2 c. à s. de feuilles de basilic
sel et poivre

Pour accompagner
75 g de parmesan en copeaux

① évider

Coupez un chapeau dans le haut des courgettes et des tomates. Coupez les aubergines en deux dans la longueur. Évidez les légumes avec une cuillère. Hachez finement la chair, après avoir jeté les graines des tomates.

② faire revenir

Préparez la farce : faites chauffer 2 cuillerées à soupe d'huile d'olive dans une poêle à frire. Faites-y revenir l'oignon et la chair des légumes jusqu'à ce qu'ils soient moelleux et légèrement dorés. Ajoutez l'ail et poursuivez la cuisson 2 minutes.
Transvasez la préparation dans un bol et ajoutez-lui la chapelure, le fromage de chèvre, le parmesan râpé, le persil, le basilic et 2 cuillerées à soupe d'huile d'olive. Remuez le tout et assaisonnez généreusement.

③ farcir

Préchauffez le four à 180 °C (th. 6). Disposez les légumes dans un plat à rôtir. Placez les petits chapeaux dans le plat également, à côté des légumes. Remplissez les légumes avec la farce et arrosez généreusement le tout avec de l'huile d'olive. Faites cuire 35 minutes au four.
Remettez les chapeaux sur les courgettes et les tomates. Arrosez avec un filet d'huile d'olive vierge extra avant de servir. Les petits farcis se servent très chauds, tiédis ou à température ambiante.

Glossaire

AL DENTE Expression italienne signifiant « qui résiste sous la dent », désignant le juste degré de cuisson des pâtes et de certains légumes.

ANCHOIS Petits poissons qui peuvent se consommer frais mais qui sont le plus souvent salés et marinés dans l'huile d'olive. Il faut les égoutter et éventuellement les faire tremper dans du lait pour en atténuer le goût salé, avant de les utiliser. Les anchois en conserve sont les plus répandus : on peut les consommer tels quels.

BOUQUET GARNI Petit bouquet de plantes aromatiques maintenues ensemble avec un bout de ficelle ou enfermées dans un sachet en mousseline, de manière à pouvoir être facilement retirées de la préparation en fin de cuisson. Le bouquet se compose traditionnellement de thym, de laurier et de persil, mais il existe des variantes.

CAPONATA Spécialité sicilienne aigre-douce à base d'aubergines, de tomates, d'olives, de câpres, de vinaigre, de raisins secs ou de sucre, servie en hors-d'œuvre ou en antipasti.

CÂPRES Petits boutons floraux immatures du câprier, les câpres sont mises à sécher au soleil après récolte puis conservées dans le sel ou le vinaigre. Elles sont largement utilisées dans la cuisine sicilienne connue pour ses mélanges de saveurs salées et sucrées

CARPACCIO Terme utilisé pour désigner des tranches extrêmement fines. À l'origine, le carpaccio ne s'appliquait qu'à des tranches de bœuf cru. C'est à Venise, au Harry's Bar, que le carpaccio est né. Aujourd'hui, on trouve du carpaccio de légumes, de poisson et même de fruits crus.

CITRONS CONFITS Citrons marinés dans un mélange de sel et de jus de citron, et parfois d'huile d'olive. Ces citrons à la saveur caractéristique sont largement consommés en Afrique du Nord.

CRÈME AIGRE Crème fraîche épaisse et onctueuse au goût acide.

CRÈME DE COCO Crème riche obtenue après le premier pressage de la pulpe de noix de coco. Elle est vendue en conserve, en brique ou en poudre (à diluer dans de l'eau bouillante). Elle est largement utilisée dans les cuisines indienne et thaïlandaise.

FETA Fromage grec à base de lait de brebis, parfois mélangé à du lait de chèvre. La feta se caractérise par sa couleur d'un blanc pur, sa friabilité, son goût frais et salé.

GASPACHO Soupe espagnole, généralement à base de tomates, de poivrons rouges et de concombres, dont il existe aussi des versions verte et blanche. Le gaspacho est très facile à réaliser car il ne nécessite pas de cuisson. Les ingrédients sont simplement mixés. Le gaspacho se sert glacé.

GNOCCHIS Petites boulettes de pâte d'origine italienne, à base de ricotta et d'épinards, de pommes de terre ou de potiron. On trouve aussi des gnocchis à la semoule, plus consistants.

GORGONZOLA Fromage à pâte persillée d'origine italienne, de texture crémeuse, à base de lait de vache entier, non pasteurisé. Il en existe deux versions : le *piccante*, au goût puissant, et le *dolce*, plus doux.

GRATIN Préparation cuite au four (légumes, viande, etc.) qui se caractérise par sa surface dorée et croustillante. La couche finale est souvent constituée de fromage râpé.

GRATIN DAUPHINOIS Préparation riche à base de pommes de terre en lamelles et de crème, cuite au four et gratinée.

HARISSA Pâte d'origine marocaine, à base de piments et d'épices comme du cumin. Certaines versions contiennent même des pétales de rose.

INSALATA TRICOLORE Salade italienne toute simple à base de tomates, de mozzarella et de tranches d'avocat.

LARDONS Petits morceaux de lard gras ou maigre.

MARSALA Vin doux sicilien, au goût de raisin sec. Il en existe du doux et du sec. Si vous n'en trouvez pas, vous pouvez le remplacer par du xérès espagnol.

MOUSSAKA Spécialité grecque composée de couches d'aubergines, d'agneau haché et de sauce béchamel.

MOZZARELLA DE BUFFLONNE Fromage italien spongieux et doux, fabriqué à partir de lait de bufflonne. En Italie, la mozzarella est largement utilisée, notamment pour confectionner des salades et des pizzas.

ORGE Céréale dont la culture est très ancienne. En cuisine, on utilise essentiellement de l'orge perlé, dont les grains ont été dépouillés de leur pellicule. L'orge épaissit soupes et ragoût.

PANCETTA Poitrine de porc italienne.

PANZANELLA Salade italienne à base de pain et de tomates.

PARMESAN Fromage à pâte dure d'origine italienne, à base de lait de vache. On l'utilise souvent râpé ou en copeaux, sur les pâtes. Il est fabriqué à Parme et ses environs.

PÂTE DE CURRY THAÏ VERT/ROUGE Pâte composée de nombreuses herbes aromatiques et d'épices, notamment de la coriandre et du gingembre, très utilisée dans la cuisine thaïlandaise. Vous pouvez l'acheter toute faite dans le commerce ou la confectionner vous-même, mais le procédé est plutôt laborieux.

PÂTE FILO Pâte utilisée en Grèce, en Turquie, en Afrique du Nord et au Moyen-Orient. Elle est faite de feuilles de pâte d'une extrême finesse qui servent à confectionner tourtes et petites pâtisseries. Quasiment impossible à préparer chez soi, elle s'achète toute prête, fraîche ou surgelée. Une fois le paquet ouvert, la pâte doit être maintenue sous un torchon car lorsqu'elle sèche, elle devient cassante et difficile à manipuler.

PECORINO ROMANO Fromage italien à pâte dure, à base de lait de brebis, proche du parmesan, originaire de Sardaigne.

PEPERONCINO Terme italien pour « piment ».

PETITS FARCIS Légumes farcis et cuits au four.

POIVRONS À LA PIÉMONTAISE Poivrons farcis avec des tomates et des anchois, puis rôtis au four. Il s'agit d'un plat traditionnel italien.

RICOTTA Fromage frais italien, délicat et laiteux, fabriqué à partir de petit-lait recuit.

RIZ À RISOTTO Riz italien (il en existe plusieurs sortes à grains ronds et à grains moyens) utilisé pour la préparation du risotto. C'est un riz qu'il faut constamment remuer pendant la cuisson pour conférer au plat son onctuosité.

RIZ BASMATI Riz à grains longs, fins et blancs, très parfumé, largement utilisé dans la cuisine indienne.

RIZ ROUGE DE CAMARGUE Riz aux grains couleur rouille, cultivé en Camargue, de texture ferme et dont la saveur rappelle la noisette.

RIZ SAUVAGE En réalité, le riz sauvage est généralement cultivé, principalement en Amérique du Nord. Par ailleurs, il ne s'agit pas de riz mais de la longue graine noire d'une plante des marais, qui ressemble aux grains de riz. Le riz sauvage a une saveur qui rappelle la noisette, et il reste ferme après cuisson, d'où son utilisation pour confectionner des salades.

ROMAINE Laitue à feuilles allongées et croquantes, très appréciée des Grecs et des Américains.

SABZI KHORDAN Assiette de fines herbes et de feta, servie en début de repas en Iran.

SAFRAN Stigmates séchés du crocus qui se caractérisent par une saveur musquée et légèrement amère, et par leur couleur dorée. Le safran est une épice très coûteuse surtout utilisée dans les cuisines espagnole, marocaine et du Moyen-Orient.

TAMARIN Fruit du tamarinier, apprécié pour sa saveur aigre-douce. On le trouve aujourd'hui en bocal, sous forme de pâte.

TARTE TATIN À l'origine, tarte renversée aux pommes caramélisées. Aujourd'hui, les pommes peuvent être remplacées par d'autres fruits ou même des légumes.

VINAIGRE BALSAMIQUE Vinaigre aigre-doux d'origine italienne, rouge ou blanc. Le véritable vinaigre balsamique provient de Modène. Il est fabriqué à partir de moût de raisin concentré et mis à vieillir dans des fûts en chêne. Les versions bon marché contiennent généralement des agents édulcorants.

Index pratique

Ouvrage co réalisé en Grande-Bretagne, par :
Coordination éditoriale : Catie Ziller
Traduction-adaptation : Catherine Vandevyvere
Photographies : Deirdre Rooney
Stylisme : Molly Brown
Mise en pages : Gérard Lamarche
Édition anglaise : Anna Osborn
Édition française : Anne Kalicky

Achevé d'imprimer sur les presses de Cayfosa Grafica, Espagne
ISBN : 978-2-501-07387-5
Dépôt légal : Septembre 2011
40 798 36 02